かくして、死刑は執行停止される

菊田幸一
Kikuta Kouichi

作品社

かくして、死刑は執行停止される

序文

本書は著者の、ある意味では身勝手な遺言書である。ただし個人としては、著者の生存中に死刑モラトリアムは実現すると信じているが、すでに卒寿を過ぎた老輩としては、仮に明日にもあの世に旅立っても不思議ではない。そこで一冊の本に遺言をまとめてみた次第である。

著者は、国家が殺人者を法の名のもとに殺すことは絶対にあってはならないと、半世紀もの長期にわたり著書や論文で、あるいは講演で訴えてきた。とりわけ法務省法務総合研究所に職を得、マルク・アンセル（一九〇二～一九九〇年）の『新社会防衛論』を読み、その後に大学法学部において犯罪学の教鞭をとるなかでアンセルと親交を得、彼の理論に共鳴してきた。とりわけ、この数年はアンセルの主張から国連の死刑廃止条約（通称）の採択が論理的にも合理性のあることを意識し、アンセルの意志を忖度し、国会に向け積極的に働きかける必要性を意識するに至った。マルク・アンセルに本書を捧げるものである。

ところでフランスにおいてアンセルと同時代を過ごした一人、ロベール・バダンテール氏（一九二八年〜）の名を挙げなくてはならない。フランスのミッテラン大統領が選挙に立候補した際に当選したなら死刑を廃止すると公約し、当選後に死刑廃止論者の弁護士バダンテールを法相に迎え死刑廃止を実現した。バダンテールは日本の著名な翻訳家である藤田真利子氏がすすめた日本の出版社作品社から『そして死刑は廃止された』を出版した。実は著者は二〇二二年七月に作品社から『死刑と日本人』を出版している。バダンテール氏の書籍は知っていたが、版元が作品社とは知らなかった。なお藤田さんとは二〇二一年六月二十一日からフランスのストラスブールで開催された第一回死刑廃止国際会議に日本を代表して出席した際に会った。ただし彼女は多くの出席者の通訳を指揮し、著者には彼女の指揮で命じられた青年が当職の英語発音を修正してくれ、藤田さんとは名刺交換しただけであった。

バダンテール氏は大会初日の総会に、会場の多数が起立し彼に拍手するなかをさっそうと早足で入場し、フランスの死刑廃止立役者として素晴らしい講演をされた。その全講演記録は著者の手元にある（『死刑廃止日本の証言』三三〇頁参照）。

以来数十年が経過し、一昨年通訳の中島良子さんの紹介を経て、作品社からの著者の二冊目の出版への序文執筆を依頼し、バダンテール氏から直接あるいは秘書を通じ「出版の準備ができれば、直ちに序文を書く」との応答を得ていた。

ところが彼の求めに応え全文を英訳し送付しても応答が途絶えた。本年九十四歳になる彼になんらかの障害が生じたかとの想いの中での出版準備となった。
本書の自らの序文は、出版前三カ月内のバダンテール氏からの序文が未着になった場合にそなえ準備したものである。

第一・第二章

この二つの章において著者はアンセルの新社会防衛論に無意識ながらいかに近づいていったかを余すことなく説明した。むろん大学院へ進学した段階からアンセルを意識していたわけではない。犯罪学という分野に気づいたのは幸いに大学に職を得、その前提として法務省法務総合研究所、さらにカリフォルニア州立バークレイ校に短期留学できた背景があったからだ。むろん、このような経歴は現時点から思えば、いわば「見えざる糸に操られて」結果的に幸運な選択を得たものに過ぎない。その目の前に現れたのが死刑問題であった。後藤田法相の三年四カ月ぶりの死刑執行がハンストをさせたのだ。このさき死刑廃止運動から逃れられない運命を背負うこととなった。

第三章

一九九〇年の国連で死刑廃止選択議定書（通称・死刑廃止条約）の採択を契機に「死刑廃止フォーラム90」を各種死刑廃止グループが結集して発足した。
その役割を担ったのが安田好弘弁護士と著者であった。爾来四十年の長期にわたり、それなりの成果をあげてきたが問題も山積してきた。それらの詳細は一部ながら本書でも述べた。しかし問題は、そのような中身の紹介にあるのではなく、この先のありようにどう対処するかであり、過去の経験をいかに役立てるか、あるいは無視するかにある。著者の性格からすれば、一口で言えば過去の経験は無視すべきであろう。すべては将来に向けて現在を生きることだ。

本書の出版目的は「死刑執行モラトリアムをどう実現すべきか」に全力を費やすことにある。本書の執筆も過去の経過を整理し将来にどう役立てるかに意識を集中させてきた。卒寿を過ぎた老輩には過去を想い返す時間的余裕はない。

第四章

本章は上述の出版目的からすれば根幹となる部分である。死刑廃止を政治的にどう取り込むか、議員連盟の死刑廃止法案の分析、朝日新聞の論説をどう役立てるか、フォーラムのシンポに意義があるか、死刑廃止法案を具体的に採択する可能性は、等々をいかに評価するべきか。

第五章

名古屋刑務所での二〇〇二年十月に発生した刑務官による受刑者暴行事件を契機に、ほんらい国会内に設置すべきところ、法務省が行刑改革会議を発足した。法務省が後藤田正晴（元法相）を顧問とし、当時刑事局国際課長であった林眞琴氏の配下に検察官四名と優秀な職員を配し、行刑改革委員に同会議提言のみを作成させた。法案作成は林眞琴氏ら法務省職員だけでの作業で実施された。著者は、そのような法務省、おおざっぱに言えば法案作成を法務省内容を独占する方針を何ら知ることなく踊らされていたのだ。

近年において同じ名古屋刑務所での暴行事件発生自体が、みごと百年目にして生まれた刑事施設法の実態を示している。本書において死刑モラトリアムをアンセルに依拠し、提唱する背景である刑事施設の実態が、ここに示されている。

第六章

森山法相とは行刑改革委員や警察未決拘禁問題等で親しくなり、とりわけ行刑改革委員時代には、少なくとも死刑執行をしない法相であるとの確信をもっていた。ところが彼女が死刑を執行した。さらに、ようやくの思いで後藤田正晴氏に彼の事務所で会い、死刑廃止への国民的見地からの協力を依頼したが同意はなかった。あれやこれやで前途は暗雲の日々であった。

第七章

韓国の刑事法は第二次世界大戦中の日本による植民地支配により日本の刑事法が導入され、現在もその影響下にある。むろん死刑も存在した。現在も死刑判決や死刑囚もいるが、諸般の状況から確定死刑囚も一般受刑者と同じ刑務所にいて刑務作業にも従事している。これらの状況から国連が認めている十年以上死刑執行のない国として事実上の死刑廃止国である。

韓国には、かつて明治大学大学院で留学生であった朴乗植君が、私のもとで博士号を取得し韓国で教鞭をとっていた（現在は定年退職）。その彼が日本からの視察団を前に講演をし多数に感銘を与えた。今や日本が学ぶべきは隣の韓国なのである。二〇二三年三月に袴田さんが再審開始決定と報じられた。著者は袴田さんを救う会の顧問をしているが、問題点を一つ挙げておく。それは、「再審開始」とは、再審無罪になったものではない。アメリカでは再審申し立ては本人の権利であり検察官は異議申し立ての権利はない。袴田さんは現在もいつ拘置所に収容されるかの状況にある。

第八章

死刑廃止宣言福井大会。この問題の詳細については本書で述べた。全般にわたる日本的手法は日本が近代法治国家から、依然として遠い国であることを知らされたと言わざるをえない。

第九章

日弁連死刑廃止実現本部に死刑廃止を期待できるか。率直に言って期待できない。ただ犯罪人引渡法の改正や自由貿易の開放等の物理的機会が必ずせまってくるとの期待はある。しかし本書の主張はアンセルの新社会防衛論の忠実な運動と最後の次章で述べる死刑廃止への着実な運動を推進するものである。

第十章

「死刑をなくそう市民会議」（以下、市民会議）発足。われわれが設立した市民会議が日本の恥ずべき死刑をいかにして廃止するかを述べなくてはならない。本会は当初は日弁連内の死刑廃止実現委員会（略称）内で著者が提唱し、同委員会内で当初は著者を含む三～四名の賛同者が論議してきた。その詳細な経過は省略する。最終的には死刑廃止実現本部と市民会議は相互共同関係で死刑廃止に協同するものとなった。

大事な一つは、本会は「共同代表世話人」制をとっていることだ。なお本会の基本活動方針、あるいは問題点については本書内で詳細に述べている。

目次

序文 3

第一章 『新社会防衛論』を基軸とするモラトリアムの提唱 17

アンセルの『新社会防衛論』との出会い 17
アドルフ・プリンスの「社会防衛と刑法の変遷」 22
日本では受け容れられなかった新社会防衛論 26
国連死刑廃止条約と新社会防衛論 31

第二章 死刑廃止論者の思想形成とその運動 39

犯罪学及び死刑廃止に出会うまで 39
フランスにおける死刑廃止の実現 45
民間死刑廃止グループの発足に奔走 50

死刑停止が見えてきた頃　54
三年四カ月ぶりの死刑執行　58
浜四津敏子の終身刑論　65

第三章　ふたたび国際的な視点から　69

第一回死刑廃止国際会議前後　69
第二回国際死刑廃止会議を提唱する　76
第二回アジア死刑廃止会議　82
韓国の死刑廃止法案　84

第四章　死刑廃止を政治日程に上げる　87

議員連盟の死刑廃止法案　87
廃止法案にどう向かい合うか　95
朝日新聞における論戦　100
終身刑導入をめぐって——運動方針か理論闘争か　103
フォーラム・シンポジウムでの議論　110

死刑廃止法案をめぐる動き　117

第五章　行刑改革会議と死刑廃止議連　123
行刑改革会議に参加　123
森山眞弓法務大臣への手紙　128
恩赦発言についての波紋　134
もたつく議連の死刑廃止法案国会提出　137

第六章　すべてが暗転した　141
森山法相が死刑を執行　141
アンケートを実施する　147
後藤田正晴氏と会う　153

第七章　弁護士として運動に参画する　155
弁護士登録　155

江田五月氏が法相に　160
韓国への視察旅行　163
谷垣氏の法務大臣就任　166
袴田巖さん　再審開始決定　168
死刑囚の情報収集を実施する　169
公明党との折衝　173
死刑のない東京五輪へ　174

第八章　福井大会「宣言」を検証する　179

福井大会の「宣言」　179
死刑廃止とその代替刑　182
「人は変わり得る」は死刑囚になじむのか　184
国民世論は終身刑に反応している　185
「終身刑は国際基準に違反する」について　188

第九章　日弁連死刑廃止委員会に期待できるか　191

モラトリアム（死刑執行停止）の実現を目指すべきだ　191
停滞した日弁連の議論　193

第十章　もっと国民的な議論を　197

「死刑をなくそう市民会議」設立の意義　197
死刑廃止実現連絡協議会（仮称）の発足　201
「市民会議」三百五十人の参加で設立総会　204
キング牧師のように　208

第一章　『新社会防衛論』を基軸とするモラトリアムの提唱

アンセルの『新社会防衛論』との出会い

私は大学で犯罪学を長年講義してきた。そこで得た犯罪学の基本理念は、一口で言えば「神の世界」であり、無限の世界であり、法の枠を超えた世界である（詳細は菊田幸一『犯罪学』十訂版、成文堂を参照）。この世界に割り込んできたのが、フランス枢密院判事マルク・アンセルであった。アンセルが著書『新社会防衛論』を出版したのは二十世紀半ばであり、後述するように『新社会防衛論』は先人たちの論説を集約したものであり独自の学説ではない。基本にあるのは犯罪を社会現象と解し、犯罪学、刑事政策、社会政策から解明し、死刑廃止へと導くものである。

私は一九六二年に、カリフォルニア州立大学（バークレイ校）大学院犯罪学部に、法務省法務総合研究所から短期留学した。その貨物船での一週間あまりの船旅中、マルク・アンセルの『新社会防衛

新社会防衛論の新しい地平をひらいたマルク・アンセル

論』（『法務資料』第三七二号、一九六一年、吉川経夫訳）を熟読した。その一年余の留学を終え、日本へ帰国するさいに、東回り世界三十三カ国を巡る途中、パリ大学比較法研究所でアンセルに面会し、議論する機会を得た。

彼はその後、日本からの出版要請を受け、三年を費やし『新社会防衛論』（一粒社、一九六八年、吉川経夫訳）を出版した。彼はその著書において「菊田幸一（東京の法務省の犯罪学研究所——法務総合研究所）の精神に刺激されて、はっきり『新社会防衛論』の考えに向かっている」と記述してくれた（同書、一五九頁）。

アンセルの新社会防衛論の骨子を概説しておこう。

（1）新社会防衛論は、すべての法律先験主義を頑固に拒否する。新社会防衛論は、道徳の領域と哲学の領域の間にも区別を打ち立てる。新社会防衛論は、犯罪を法律の領域と解することを拒否する。刑事裁判官は、抽象的な法律秩序を侵害した行為者の悪しき意思の程度をどのような方法で、またどのような秤にかけて測るのか、とアンセルは訝る。

（2）新社会防衛論は、犯罪を人間的事実として、行為者の人格の表明として考える。人間は、よかれあしかれ、個々の人間であり、具体的な存在である。

（3）ここで責任の問題に触れなくてはならない。古典的体系の刑法は、道義的責任、罪刑法定主義、応報刑という三本柱で構成される。このうち道義的責任は一つの基礎原理にすぎず、人間的な生きた観念ではない。これに反し、犯罪行為の人間的性格から出発する新社会防衛論にとっては、個別責任が重要性を有する。この論拠こそ、新古典主義と新社会防衛論がはっきりと分かれるメルクマールなのである。

（4）アンセルは最後に、刑事裁判が法廷の刑罰を機械的に配分する機能を、裁判官が国家権力の名において観念的な秩序回復を保つために介入するのを糾弾する。上訴の手段が尽き、制裁が正確に追行され、犯罪人が刑に服し「その負債を支払った」ことで終わるものではない。犯罪問題、人間の問題は、たやすく法律的規制のなかに閉じ込められるものではない。

「社会防衛論」という用語は「犯罪に対して社会を保護する」意味である。アンセルは、この「社会防衛論」の創始者、フィリッポ・グラマティカやフランツ・リスト、プリンスなどの先人たちの論説、とりわけアドルフ・プリンス（一八四五～一九一九年）の「刑罰は犯罪に対する戦いが唯一のものではない」との学説に触発され、自ら「新社会防衛論」を提唱するに至った。彼は、「新社会防衛論」は一つの学説ではなく、先人たちの学説を集約した産物である、と主張している。

イタリアの刑法学者エンリコ・フェリーは、一八八〇年に「刑法および刑事訴訟法の地平線」という副題をつけた『犯罪社会学』を改訂版として出版した。ただし、この十九世紀末は拷問の廃止、罪刑法定主義による基本的人権尊重の確立に関心があった。ロンブローゾの実証主義の業績から生まれたとされるグラマティカ等の社会防衛論は、二十世紀になってようやく実現する。アンセルの『新社会防衛論』の中身に入る前に、社会防衛論に影響を与えたとする刑法学者、フランツ・フォン・リストの業績をまず紹介する。

リスト(一八五一〜一九一九年)は、父親がドイツの刑法学者であったが、従兄の著名な音楽家フランツ・リストと同名である。彼はロンブローゾに始まる古典的刑法学批判に社会学的視点を加え、近代学派を完成させた。「最良の刑事政策とは最良の社会政策である」との名言を残している。

主観主義刑法学を基本思想とする木村亀二は、木村編『体系 刑法事典』(青林書院新社、一九六六年)において、近代学派の創立者はリストであるとし、「近代学派または新派という言葉は一八世紀の終りから今世紀(二十世紀)にかけてドイツにおいて展開された、いわゆる刑法学派の争いにおいて、古典学派または旧派に対するものとして用いられた言葉であって近代学派に属する側では、刑事政策を重要視するという理由で『刑事政策派』または『社会学派』ともよんでいた」と述べている。

以下において木村亀二が刑法事典で記述した項目から、その要旨を列挙する。

[刑罰の目的]

リストは刑罰の起源は、原始的な復讐から国家権力に収められ(法律化)、その後に国家の権限が制約され、法的秩序の保護の手段としての法益保護を目的とするに至り、古典学派の応報刑論とは区別する目的刑が生まれた。

[行為と行為者]

近代学派は犯罪行為の自由意思の概念を決定論とする点で応報刑の応報概念と異なる。近代学派の標語は「行為ではなくて行為者が罰せられねばならない」。

[犯罪学・刑事政策・社会政策]

近代学派は犯罪を社会現象と解し、犯罪心理、犯罪社会学、犯罪統計学などから犯罪原因を研究し、犯罪対策を研究する。その刑事政策的見地から裁判と行刑の結合、仮釈放、相対的不定期刑の必要を強調する。

近代学派の誕生から派生した社会防衛論の先導者となった国際刑事学協会を創立（一八八九年）したリスト、ハメル、プリンス三人のうち、今世紀（十九世紀）最初にこの学説を表現したのがプリンスである、とアンセルは述べている。独立の学説としての社会防衛論は二十世紀の産物なのであるが、アンセルによると最初に起草された規約は「刑罰は犯罪に対する戦いが唯一の手段ではない」ということが率直に宣言された。

機会犯罪人、慣習犯罪人の注意深い区別、短期自由刑に代わる処分の探究、刑期を「犯罪の外形的な重さ」のみにかからせるものではないことが主張された。これらの主張は、この時代としては、非常に大胆なものであった。このことを理解するためには、保守的な刑法学者の反応ぶりを参照するだけで十分である。現行の体系の批判的価値、刑法及び犯罪学の価値の転換――これらは近代的社会防衛論の求めてやまないものであったが、この一八八九年という年は社会防衛論の最初の誕生日とすることはできなかった。それには二つの理由がある。

（1）協会発足の宣言の諸原理が一つの学説として整理されていなかった。

（2）協会の設立者たちは、できる限り多くの加入者を引きいれようとした。そのため数年たたず、抜けようとする破壊活動が開始された。ところがリストは一八八九年の綱領を大幅に採用した。条件付有罪宣告、執行猶予、保安処分、その他、短期自由刑に抗して犯罪学、統計学、比較法学の利用必要性を宣言した。彼は節度もあり適正な態度で法律万能主義のある種の行き過ぎを論じた。これだけでも社会防衛論の支持者たちはリストを忘れることはできない、とアンセルは皮肉を込めて述べている。

アンセル曰く、リストは社会防衛論の観念、その最初の観念をも要請（受け入れる）することを躊躇した。リストは伝統的な刑法解釈学に深く染まっていたのだ、と述べる。そこでプリンスの役割をここで述べなくてはならない。

アドルフ・プリンスの「社会防衛と刑法の変遷」

アンセルは、その著『新社会防衛論』（再版）の第三章のⅡ（邦訳、七七頁以下）において、プリンスが「社会防衛論の……少なくともその独立の学説を最初に表明したのはアドルフ・プリンスであった」として、彼の著書『社会防衛と刑法の変遷』（一九一〇年）を挙げている。同著の論点はアンセルによると以下のとおりである。

消極的面では、プリンスがこの理論を必要としたのは、古典的な道義的責任論の不十分さにあった。道義的責任論は、決定論と意思自由論との間の不可能な選択を導く。そのことが短期自由刑を増大させ、危険な犯罪人を無防備な状態におくところの限定責任の治療に大きな地位を与えることとなる。同様な考えから出発した古典的な行刑制度は、いっそう社会を保護できない。伝統的な監獄の独居拘禁の治療活動が破産してしまったからである。このことは、十九世紀末の累犯が証明している。刑事裁判の唯一の目的は、市民の身体、生命、財産及び名誉の保護を確保することにある……。

しかしプリンスによれば、道義的責任に代えるに犯罪人の危険性という標準をもってするのでなければ、この目的を達成することはできない。プリンスにとっては危険性という観念は法律的な観念である。このことによって古典的な刑罰とは異なり保安処分に対しても、不定期刑に対しても個人の自由が保障される。この初期の社会防衛論から、第一に、犯罪人の危険性を考慮に入れることであるが、当時は国家及び社会からのみ見られていたが、個人の側からは欠けていた。大部分は治療的性格のものであるが、それは個人の保護に役立つものである。

積極的な事項の第二は、真の社会防衛を実現するための新しい処分を、プリンスはフランスが一八八五年に採用した保安処分等を念頭に入れているがプリンス自身はその用語を無視している。彼は改革された刑事学の教訓を考慮に入れた刑事政策を求めた。彼の目指す社会防衛論は「個人の自由の保護を効果的に保障するための司法的審査を維持する」ことにあったのだ。彼は貧しい人々、惨めな人々、不幸な人々の保護が社会防衛論により確保されることを望んだ。プリンスは科学的な面において隔離、無害化の処分を刑罰体系全体と刑事政策のうちに組み入れることに功績を遺した。

アンセルが本論（三〜二四頁）において、（a）犯罪の鎮圧による社会の保護ということに限定する古い考え方、および（b）国際連合が一九四八年に社会防衛局を設けた際に表現されている新しい考え方、すなわち犯罪の予防および犯罪人の処遇、とする考え方がそれである。いうならば予防と処遇、これこそが伝統的な考え方に欠けていた二つの次元なのだ、と。アンセルはさらに、伝統的な考え方と新しい考え方との間に、本質的な対立を十分に理解する必要を述べる。

「（新）社会防衛論は、もはやベンサムが国家に最大多数の幸福を確保するという功利主義、福祉的な役割を与えるのみならず、単なる市民の保護ということを超え、市民をより良いものとすることによって、社会を良いものとすべき体系を組織するという役割を与えるところの政治哲学構想として理解しうるであろう」と強調している。

アンセルは第三章において、社会防衛論の諸段階として、実証主義、プリンスの社会防衛論を紹介し、さらに社会防衛論の世界大戦時代や戦後の変遷につき詳細な分析を施し、第五章から第八章まで（本書の半分を占める）消極的、建設的両側面を丹念にフォローし、さらに新社会防衛論への批判に対応している（第八章）。

アンセルは『新社会防衛論』「日本語版への序文」において、日本の最初の刑法典（明治十三年七月十七日太政官布告36号・刑法）にフランスのパリ大学教授・ボアソナードを招請し、フランス法を基盤とする刑法草案が成立したことを歓迎している（ボアソナードは民法学者）。

新社会防衛論は、人道的刑事政策の運動と言われている。しかし、このアンセルの運動は日本においては必ずしも成功していない。いっぽう国連の死刑廃止条約採択は「生命の不可侵」の理念から国家による生命の剝奪を国際法違反である、としている。アンセルの新社会防衛論は、ここにおいて、その理論の正当性を国連が裏づけているが、国連との関係は後述する。

アンセルが「新社会防衛論」を主張する以前の研究において、厳密に言えば「社会防衛論」という言葉は「犯罪に対して社会を保護する」意味にあった。現にドイツのナチス刑法は「必要であれば個人を抑圧することによって、民族共同体の仮借なき防衛を確保すること」である、と言われてもいた。アンセルは、こうした「社会防衛とはなにか」につき第一章を費やし、さらに「社会防衛論の起源」（第二章）において十八世紀末の刑法改革、新古典刑法につき詳細に紹介している。この段階で実証主義が社会防衛論を生んだことは事実であり、ガロファロが一八八五年の著書、『犯罪学』において刑罰の再検討を試みている。

アンセルは冒頭において（一七三頁以下）「あたらしい社会防衛論と古典的な刑法及び刑事裁判の伝統的な構想の対立は、きわめて明らかである」とし、三つの基本的構想を挙げている。

刑事裁判の第一の構想は、宗教的構想であった。古典的刑法は、神の神聖を傷つけた罪人の贖罪を確保することであり、贖罪的懲罰であった。刑の執行は神の神聖な性格を帯び、ほとんどの民族の歴史に見られたのである。

刑事裁判の第二の構想は、君主によって確立された平和と公共の秩序を保護することを目的とする、君主の権威を確認するものであった。私的な裁判が公的な裁判に地位を譲り、公刑罰が私刑罰にとって代わるにつれて、刑法というものが形づくられてきた。

刑事裁判の第三の構想は、本質的に法律的な構想である。それは、犯された犯罪と適用される制裁を規定する法律に犯罪人を服させることである。犯罪は法律上の観念となり（罪刑法定主義）、刑罰は、厳格な法律の規定に服する裁判官によって適用される法定の制裁となった。

アンセルは古典的刑法の歴史的経過を縷々《るる》検証し、さらに十九世紀初頭になっても、たとえばモンテスキューらの改革運動は、一般威嚇と苦痛刑が優位をしめる体系を整理しているにすぎない、と批判する。モンテスキューは、刑事政策という概念の欠落に最初に気づいた人ではあったが、法律制定の技術探究によってそこに到達したのであって、それを独立の学問として刑法学のライバルである学問として提起したわけではなかった。モンテスキューは自然法思想と自由な市民は、「自由な合意」によってでなければ人権の制限に同意しない社会契約理論と結びつくのであり、刑法がこのような自由を制限するものである限り、法律によるものでなければならない。ここには自由と罪刑法定主義は法律万能主義に到達する。

ここにおいて市民の自由な意思は、形式的な刑法解釈学に拘束される。それゆえに、犯罪は社会的事実ではなく、刑罰と同じく法律上の理由づけの対象たる法律的存在となる。くり返すが、社会防衛主義が伝統的な刑法や古典主義的な学説と対立するのは、その反形而上学的な姿勢に対してであり、もっぱら法律的な枠にとじこめることの拒絶にある。

日本では受け容れられなかった新社会防衛論

アンセルの『新社会防衛論』が吉川経夫により翻訳された当時、これに触発された学者に牧野英一、木村亀二、団藤重光、正木晃らがいた。翻訳者の吉川経夫は「訳者のあとがき」において「元来、基本的には古典学派の立場に立つ者としては全面的に同調することはできない」と述べている。

吉川経夫（当時法政大学助教授・法制審議会刑事法部会幹事、一九二四〜二〇〇六年）には、何度か会ったことがある。著者の知る限りでは、京都大学法学部卒業であり、大場茂馬いらいの後期旧派の学者であった。

アンセルの『新社会防衛論』第二版の「訳者のあとがき」において「Sollen を Sein（仏語）にすり

かえたとしか思われない。国家権力の実態に関する楽観的な見方等に対しては、深刻な疑問を禁じえない」と述べている。これをどのように判断するかを述べるのは荷が重い。

吉川は補巻「発刊にあたって」において、当時の大平内閣が元号法を制定したことに対し、「元号を絶対に用いない、それは天皇制に反対する立場からだけではない、『刑法「改正」がもたらす危険』において、私は少数意見である。これを今後百年支配させてはならない」とし、「権力側の恣意的判断」「わいせつと判断するのは誰か」、最後に「刑法改正ならぬ刑法改悪をやろうとするのだから、非常に問題なんです」と結んでいる（対談・野坂昭如、二二七頁以下）。

著者は、この時期に吉川に『死刑廃止論者に聞く』出版準備のためお会いした。最終的には本人から死刑廃止論を聞くことなく、改正刑法審議録の資料恵与を得たに留まった。彼自身は、もともと死刑廃止尚早論であったが、免田事件での再審無罪を機に「一刻も早く死刑廃止を」（『法学セミナー』第四六六号、一九九三年）と記述するようになった（彼に会った当時は不知であった）。しかし誤判だけが死刑廃止の理由ではなく死刑選択の誤りも、あるいは再審による無罪（免田事件等）だけではない。元判事の木谷明弁護士は、「裁判官は検察の証拠の提出を不採用とする傾向が現存する」と述べている。死刑がある限り誤判は避けられないのだ。後日、刑法学会開催場で偶然吉川氏に出会った。

著者は「その節はお世話になりました」と声にしたが、彼は著者の顔をジッと見るだけで応答はなかった。著者は同書への彼の死刑論がなく掲載せずにいた。長々と吉川論を展開したが、刑法における古典学派たるにしても、晩年にあっては彼はアンセルの思想と対立していないはずだ。刑法改正は実現しなかったが、それも吉川の歓迎すべき成果もあり、彼は満足したはずだ。それでなくともボアソナードとの法政大学との因縁、アンセルとの出会い、いずれも彼は現存するならば日本において歴史に残る学者になった人であった、と思う。

木村亀二（一八九七〜一九七二年）は、牧野英一が日本の主観主義刑法の大御所であったと名指しているが、その牧野の研究室に出入りしていた木村自身は、同氏編『刑法事典』（三三五-三三八頁）で『新社会防衛論』について詳細に述べている。しかし自らの見解については一切触れていない。それは編者としての配慮でもあろうが、新社会防衛論の原点である社会防衛論はリストやプリンスが一九一〇年ごろ提起した課題であり、木村亀二が無関心であったことはあり得ない。木村亀二は本項をまとめた最後に「わが国の学説にあっては、とくに牧野博士によって展開された主観主義刑法理論のなかに近代学派の理論が全面的に取り入れられ、わが刑法学に対して重要な影響をあたえたことはいうまでもなかろう」と結んでいる。木村亀二は牧野英一と並ぶ主観主義の大家であるが、彼の刑法論も長年の間に論理的変遷がある。以下において団藤重光『あたらしい社会防衛論と人格責任論』（木村博士還暦祝賀・刑事法学の基本問題、上、有斐閣、六二九頁以下）から要約する（団藤氏の「死刑廃止論」については別途述べる）。

団藤論文は三節からなっている。著者が、ここで団藤の論文を紹介するのは、論文のタイトルに「人格責任論」が付加されているからである。

この論文の第1節は、アンセルの新社会防衛論の主張を再現したものであり、ここでは省略する。第2節において団藤は、アンセルは「治癒・教育を積極的なものとするが、このことは牧野の年来の主張をでないものである」、ただし、団藤は「アンセルと牧野の間にかなりの距離がある」とし、団藤の人格責任論の主張と同一である、としている。第3節では新社会防衛論と人格責任論は、歩調を一にできるかと言えば、ある点では否であり、ある点では是である、とし、縷縷述べているが、ここで団藤の論説を代弁する役割は無用である。そもそもアンセルは、新社会防衛論は一つの理論ではなく、理論の集成である、と述べている。その趣旨は、新社会防衛論から既存の刑法典に新たな理念を取り入れ、その理論的背景は日本であれば牧野、木村等の主観主義論に近親感を有すその意味において、団藤の論文は彼自身が死刑廃止論者でない時期の人格責任論の展開なのである。

これら刑法学者たちが新社会防衛論に距離をおいている背景には、日本の刑法の歴史的な変遷がある。日本ではボアソナードの指導により、一九〇七年に最初の刑法典がフランス刑法を範とし制定されたが、三十年そこそこのうちにドイツ古典刑法を範とする現行刑法に変遷したのである。

爾来、今日までドイツ刑法を基盤とする刑法学者たちが、刑法学界を支配してきた。第二次世界大戦後のアメリカの法制の影響も、刑事訴訟法、少年法の新設を除き、長年の刑法改正作業が頓挫し、今日に至っている。その意味ではフランス語に長けていた前述の吉川のアンセルへの思いには、複雑なものがあったであろう。第二次世界大戦に敗れ、アメリカの影響から刑事訴訟、少年法を成立させたとしても古典的刑法から足をはずすことができない国であることを思い知らされるところである。ちなみに仮に新派刑法論者の学者が少数ながら存在したとしても死刑廃止論が優位な立場に立つことはなかったであろう。

なお牧野英一（一八七八〜一九七〇年）はアンセルの紹介はしているが、木村と同じく個人的見解は述べていない。牧野英一は一九一三年東大教授、一九一〇年からドイツ、イギリス、イタリア留学。

ベルリン大学でリストとフェリーに師事し、一九一三年帰国。主観主義刑法理論を展開したが、弟子の小野精一郎（後期旧派）と対立し、団藤重光（一九一三‐二〇一二年。旧派）の終戦後刑事訴訟法の立法作業等にも影響を受ける。

牧野英一ら主観主義刑法論のマルク・アンセルへの支援も、成果を生むことはなかった。結局、アンセルの主張は、日本では表面的な評価に甘んじる運命だったのだ。

アンセルの「新社会防衛論」は、現実に日本の刑法条項、現実の刑事裁判に刺激を与えるまでに至っていなかった。しかし、ここにおいて死刑廃止問題への特効薬として必然的に、その歴史的論理を無視できない存在として、ここに至った。それは国連の第二選択議定書批准という法的義務が日本に向けて避けることのできない存在となったことにある。それは明治四十一年公布の現行刑法死刑条項の削除問題いかんとも無関係の課題であり、「新社会防衛論」――人道的刑政策論――は必然的成り行きなのである。

団藤重光の『死刑廃止論』は第六版までだが、死刑廃止を鮮明にしたのは第六版においてであるとの指摘を、第六版につき詳細な批評を執筆した前田朗教授が、著書『500冊の死刑』（インパクト出版会、二〇二〇年）一一八頁以下において述べている。しかし、団藤が死刑廃止論者になったのは最高裁判事になった法廷において傍聴人から「人殺し」と叫ばれ、冤罪事件となる可能性から死刑廃止派となった、とも言われている。ともあれ前田教授は、同書において痛烈な批評をしている。例えば「団藤の人格主体性の源流の一つは小野精一郎の『日本法理』であり、一九三〇年ごろより『中華人民国刑事訴訟法草案』作成を小野教授の助手として従事していた等である。

第二次世界大戦後に新憲法制下において一九四八年（昭和二十三年）にアメリカの標準少年裁判所を模範とし制定された新少年法により、地方裁判所と同格の家庭裁判所が発足した。

ところが新少年法は司法機関と福祉機関の併合にとどまった（菊田『少年法概説』有斐閣双書、後に『概説 少年法』明石書店、四九頁以下参照）。団藤重光には家庭裁判所専属の森田宗一との共著、『少年法』（有斐閣）がある。団藤は同書において「少年は、司法に関する国権の作用としての強制力により社会から隔離され自由を奪われた者であるから……刑法九九条・一〇〇条等の『法令ニヨリ拘禁セラレタル者』に該当すると解せられる」（団藤・森田『新版 少年法』三五頁）と述べている。

要するに、少年法は刑事訴訟法の特別法の視野にあるとし、少年法の著書は刑事訴訟の専門家が独占している。アメリカ刑事訴訟法や少年法の日本での法草案に団藤は従事しているが、とりわけ少年法を刑事手続の法典意識で解釈していることに注目したい。少年非行を家庭裁判所の管轄とする画期的組織の実現が刑事手続の枠内に想定することは換骨奪胎の類であろう。死刑問題の本体に戻ろう。

国連死刑廃止条約と新社会防衛論

一九二〇年設立の国際連盟は、イギリス、フランス、イタリア、そして第一次世界大戦勝利国として、日本が非白人の東洋から常任理事国となった。ところが、日本などが人種差別反対条文を入れたことから、アメリカやイギリスが国内事情により、これに同意できず、アメリカは国際連盟に参加しなかった。国際連盟は、いわば片肺飛行であった。

一九四五年、第二次世界大戦でアメリカ、イギリスなど連合国の勝利が確実となり、国連憲章が世界五十カ国が参加し採択された。その基本理念に世界人権宣言の「生命権不可侵」の文言を排除することはできなかった。この時期（一九四八年）に世界人権宣言において人類の普遍的人権が宣言された。普遍的人権とは「人は生まれながらに固有の生きる自然権を有することである」。ベッカリアの『犯罪と刑罰』の著作からヨーロッパにおいて拷問禁止の運動が高まった時期でもある。

ところで第二次世界大戦に勝利したアメリカ、イギリス、ロシアなどが、いわゆる拒否権を導入し日本などの敗戦国を常任理事国から排除した国際連合において、今日の人権問題、なかんずく「人間固有の生命権不可侵」の現状は、どうなのかである。

ソ連などの全体主義国にあっては無条件に賛同せず、常任理事国に拒否権が付加され、人権の具体的内容を明確にするため国連人権委員会が設立された（一九四六年）。下筒井清輝『人権と国家――理念の力と国際政治の現実』（岩波新書）から、人権と国家に関する精密な叙述を参照し同時に私見を付加する。

下筒井は理念そのものの本質と国際的理念、とりわけ政治的現実の隔離・矛盾につき「あるべき期待」に沿う理念の実現を示す、としている。この「国連憲章は法的拘束力のある条約である」と述べている（五三頁）が、一方では、世界人権憲章に関しては「法的拘束力をもつ国際人権規約へ高めていく努力が帰結である」（六一頁）とある。後者に関しては「国際人権規約にもとづき国内法に採択することで法的拘束力をもつ」とあるので、その意味において「法的拘束力」の有無をさすのであろう。

経済的・社会的及び市民的文化的権利に関する国際規約（A規約）、市民的および政治的権利に関する国際規約（B規約）の両条約は一九七五年に発効した。両条約は、いずれも国家報告制度であり、当初は五年、現在は八年ごとに人権状況を規約人権委員会に報告し審査を受けなくてはならない。一九六六年に採択されたA規約、B規約は、その後いずれも選択議定書とし、第二選択議定書が死刑廃止条約と呼ばれ、一九八九年に採択された。

下筒井は、日本の国際的な視野から見た現状につき、第四章「国際人権と日本の歩み」において歴史的経過を含め詳細に記述しているが、著者の関心のある「死刑廃止条約」に関しては「申惠丰『国際人権入門』（岩波新書）に譲る」として、いっさい触れていない。そこで同書を一瞥すると、彼女はこの「死刑条約」について一切触れていないのである。著者下筒井教授は申教授の著書を当然ながら読んだ後で「譲る」としたはずだが、そうではなく、なんらかの都合から記述を避けたのである。

国連の死刑廃止条約（第二議定書）に至るまで、アンセルが日本語版の第二版序文において述べているところでは、一九六一年前後の十年間にイギリス、イタリアの立法に社会防衛運動の立場を考慮に入れる要請があったという。イギリス、イタリアの立法に影響を与えたのである。

また特筆すべきことは、第二次世界大戦後の一九四七年、第一回国際社会防衛協会の会議において、死刑廃止宣言をしていることだ。かくして国連内に「社会防衛局」が設置された。二〇一九年「死刑をなくそう市民会議」の発足に際し、著者がメッセージを依頼した国連人権担当事務次官のアンドリュー・ギルモア氏は、イギリス出身であり国連事務総長の指南役を務めている。

自由権規約（一九六六年）に法的拘束力がないため、一九八九年に死刑廃止条約を採択し、死刑廃止への具体的努力を促すものとした。ところが日本は自由権規約を批准（一九七八年）しながら、死刑廃止への施策を怠っている。政府は「国民世論の八〇%までが死刑存置であり、死刑廃止は時期尚早である」と再三、国連人権高等弁務官事務所に回答している。これに対し国連人権委員会では、世論は「人間の生命不可侵」を左右する存在ではない、と回答している。

国家が法の名のもとに市民の生命を剝奪するのが、戦争と死刑である。日本は憲法九条により戦争放棄の国である。世界に誇るべき平和主義国家なのだ。だがそのいっぽうで、近代先進国（人権、法の支配、民主主義の共有）での死刑存置国は、アメリカ合衆国と日本だけである。アメリカにおいてはバイデン大統領によって、連邦政府による死刑を廃止、死刑存置州に対して廃止を促す考えが表明された。その意味で今や、日本は近代先進国としては唯一の死刑存置国なのだ。

昨今においては、日本国憲法は内在的に死刑の存在を認めない、との憲法論が有力になりつつある。にもかかわらず、前述のとおりドイツ刑法を継承した客観的刑罰論の刑法（一九〇八年）が現在も存続している。現行刑法死刑条項の削除問題という課題であり、「新社会防衛論」すなわち人道的刑政策論の確立が必要とされているのである。

その意味において新社会防衛論は、日本の刑法及び刑事手続において、死刑廃止を刑法にとどめるだけではなく、憲法をも含め国連の死刑廃止条約の締結にも寄与するための役割を目指すものである、と考える。

新社会防衛論は人道的刑事政策の運動と言われている。このアンセルの運動は日本においては必ずしも成功しているとは言えない。しかし国連の死刑廃止条約採択は「生命の不可侵」の理念から国家による生命の剝奪を国際法違反である、としている。アンセルの新社会防衛論は、ここにおいて真価が問われているのだ。

繰り返すが、日本は一九七九年、国連憲章及び世界人権宣言の精神を受け継いだ国際条約「市民的及び政治的権利に関する規約」（自由権規約）を批准した。規約六条一項は「すべての人間は、生命に対する固有の権利を有する。この権利は、法律によって保護される。何人も、恣意《しい》的にその生命を奪われ」ないとあるが、これが批准国への死刑適用への制限と廃止目標を定めたものであることは明白だ。六条六項は、「この条のいかなる規定も、この規約の締約国により死刑の廃止を遅らせまたは妨げるために援用されてはならない」と定める。死刑を廃止したイギリスやフランスもかつて国民世論の多数は死刑存置支持だった。死刑制度の実態を広く伝え、実りある死刑存廃論議を形成することが六項の趣旨に合致するにもかかわらず、日本政府は努力を怠ってきたのである。

実際、日本政府は、国連の自由権規約人権委員会や拷問禁止委員会、人権理事会から死刑執行を停止し、死刑廃止を前向きに検討すべきだとする勧告を繰り返し受け続けてきた。日本国憲法九八条二項は「日本国が締結した条約及び確立された国際法規は、これを誠実に遵守することを必要とする」と定めており、委員会の勧告を遵守する努力が日本政府に求められているのは言うまでもない。

ウクライナを侵略し、他国の市民の生命を日々脅かすロシアは死刑廃止国である。海外での武力行使はしないと定めた憲法九条を持つ日本国民が、死刑廃止へ踏み出せないはずがない。

死刑廃止条約が国際法として、法的拘束力を有することは一般的認識である。そもそも死刑廃止条約そのものが、自由権規約に法的拘束力がない（拘束力があるとする見解もあるが）ため、第二選択議定書として採択されたものである。日本はこの条約を批准していない。この点から国連の「法的拘束力」

の定義が問題になる。国連人権委員会は強制力があるとしつつも、日本に対し「批准に向けて具体的な方策を示せ」と勧告しているのだ。

ここで国際法の「拘束力」とは何なのかを、検討しなければならない。例えば発展途上国のアフリカのある国では、法的に死刑罪を規定していなければ国家転覆の危険があるとして、「政治犯罪」の死刑存置は例外としている。いわゆる通常殺人の廃止国を、死刑廃止国に加えている。また刑法に死刑規定があっても、十年以上死刑執行のない国を事実上の死刑廃止国に加えている。

このような国際法の実態から知るべきは、国連は百九十三カ国が加盟しているが、国連安保理事会には、拒否権のない部会が多数あることだ。国連は国家の集合体であり、国際的立場とはいえ、ロシアのウクライナ四州併合宣言無効に百四十三カ国が賛成し、反対したのは四カ国に過ぎなかったことから、国連安保理事会の多数優先主義が正当化されることに疑問を抱かなくてはならない。何故なら、かつてアメリカはイランが核兵器を所持しているとし（所持していなかった）一方的にイラクのフセインを殺害し、イラクを支配下に置いたことがある。プーチン大統領は、その記憶から今回のウクライナ侵略を決意したと言われている。

死刑問題に戻ろう。国家が国民（市民）を法の名のもとに処刑することが正当化されることは、国連の「生命不可侵」の原則から国際法違反であることは、これまでに幾度も述べてきた。国連安全保障理事会も再三国際法違反を勧告しつつも、いわゆる「法的拘束力」行使に及んでいない。国連自体の存在が追及されるべきなのか。

ここで国連、とりわけ安全保障理事会の存在を検討しなくてはならない。この問題に関しては、人権宣言、国連憲章、国際連盟の歴史について述べてきた。現在の国連は人類の長年の産物である。これらの歴史的産物を、少数の権威主義的国家が存在するからといって消極的に考える理由はない。

国連が認諾している国際条約は数多くあるが、それらの大半は法的拘束力がないと言われている。一つの条約には、それなりの歴史的成立背景があり歴史がある。それらの条約を民主主義国家の思惑から、一方的に排除できるものではない。死刑廃止国際条約は法的拘束力が形骸化しているとしても、歴史的人類の産物とし実りあるものとしなくてはならない。戦争における殺人が、敵味方の判断で合法化されるものでないことを忘れてはならない。

アインシュタインは、人類の一体化から世界国家の創立を主張し、日本でも評論家の徳富蘇峰が世界国家を提唱している。しかし国連の現状は、中国やロシアなどの権威主義国家の国民よりも、経済優先主義国家の存在が「生命の不可侵」たる民主主義国家の基本理念の障害となっている。その現実から、われわれは逃避するわけにはいかないのだ。

死刑廃止への筋道には国家単位からしても、さまざまな手段がある。それらは本書においても断片的に述べてきた。ここに多少の重複を含め箇条書きすれば以下のような項目が浮かぶ。

日本国憲法の九条は「戦争放棄」において「陸海空軍その他の戦力は、これを保持しない。国の交戦権は、これを認めない」とある。憲法十一条は「個人的人権の享有」において国家は「この基本的人権の享有を妨げられない」としている。この具体的個人の尊厳は「生命」を国家が侵害してはならない基本理念である。

憲法九十八条二項は「日本国が締結した条約及び確立された国際法規は、これを確実に順守することを必要とする」と定めており、国連の死刑廃止条約および安全保障理事会の勧告を順守する努力が政府に求められている。

憲法の条文はことごとく、死刑制度を認めていないのである。死刑制度廃止の実現に向けて、われわれがなすべき方法は明らかだ。国際的な動きから政府に働きかけ、あるいは日本国の最高立法機関たる国会への働きかけで、フランスのように死刑廃止を実現しなければならない。あるいは韓国のように、死刑執行の停止による実質的な制度廃止を実現することも考えられよう。

第二章以下は、私の死刑廃止の思想形成をふり返り、一八八五年以降の死刑廃止運動の軌跡をまとめたものである。三年にわたって執行が行われず、死刑停止が見えてきた時期もあった。死刑廃止議連が法案を提出し、国会レベルで死刑廃止が実現される展望が見えた時期もあった。死刑廃止を実現するために、終身刑の導入という論争もくぐってきた。日本の死刑廃止の議論は、ある意味で高度なレベルを経験してきたのである。その教訓をいまいちど確認し、残された課題を抽出するために、本書をみなさんに贈りたい。

第二章　死刑廃止論者の思想形成とその運動

犯罪学及び死刑廃止に出会うまで

私は、一九三四（昭和九）年、滋賀県長浜市生まれである。大東亜戦争の勃発した年（昭和十六年）に小学校に入学し、敗戦の年の翌年に新制中学に入学した。父は四十歳で肺結核で病死しているため、当時三歳（いずれも数え年）であった私は父の顔を知らない。そのとき五人の子どもがいた。私は姉三人の後に生まれたが、妹が一人いた。五人兄弟の中でたった一人の男の子であった。父の死後五人の子どもをかかえて、母が一人で農作業をしながら家族を支えた。その苦労話は、当時を知る村人が最近まで話題にするほどである。妹は五歳のときに腐った柿を食べて疫痢で死んだ。

一番上の姉は、終戦後の栄養失調から肺結核になり、ながい闘病生活を強いられた。とりわけ私の中学・高校の六年間は、自宅療養や入退院を繰り返す長姉の闘病生活と切り離せなかった。というより主たる収入のない母子家庭が、一人の病人のために振り回される生活であった。母はそれでも、ありとあらゆる苦労をなめて生活と看病につくした。

長姉は最後に名古屋駅に勤務していて発病した関係で、かなりの間、名古屋の東山公園に隣接した国立結核療養所に入院していた。中学時代、滋賀県から名古屋へ見舞いに行くのは交通費も大変であったが、わずかな生卵をもって一日がかりで母の代理で見舞いに行くこともあった。広大な丘陵地に背の低い松が植えられ、散歩道が作られていた。散歩路の脇に寝転がりながら澄み切った空を眺めていると、アメリカ軍のジェット機が飛んでいた。

「これだけ科学が進歩している世の中に、どうして一人の人間の結核菌を退治できないのか」と、快復しないことを悟っている姉と、看病と残された子どものため身を粉にして働いている母を思い、涙したものだ。瀕死の重病にある患者に対しても、医者は科学者としての全精力を費やすはずである。ところが死刑囚は健康体である。その健康な生命を法の名のもとで抹殺することが、どうして許されようか。わたくしの死刑廃止への思いは、こんな原体験が影響していると思う。

一九五五年十二月二十四日、クリスマスイヴの夜、敬虔なクリスチャンであった姉は大量の喀血をして窒息死した。その年の元旦、東京で大学生になっていた私の下宿に、本人が発送した年賀状が届いた。

私は法律を勉強し弁護士になろうと決意し、中央大学法学部を選んでいた。このように書くとすべてが難なく進行したように聞こえるだろうが、貧困の中で東京に出るには大変な困難があった。ここでは母親が祖先伝来の田畑を売って、学費にしてくれたことだけを記しておこう。

法律の勉強を人並みにやってはみたものの、私にとって無味乾燥以外の何ものでもなかった。唯一例外であったのは、安平政吉氏（元最高検公判部長）の『刑事政策』という本に出会ったことである。法律のなかにも、このような分野があるのかと、はじめてこの本を見て心のふるえを覚えた。その本は神田の古本屋から買ったものだったが、表紙の裏に死刑廃止論者・花井卓蔵の「荒原露冷かなる朝、墓畔月暗き夕、耿々啾々に泣くが如く、怨むが如く、訴ふる如きものは、是れ誰家の冤鬼ぞや」（『刑法俗論』一九八頁）とあることをはじめて知った。しかし、刑事政策に関心があっても、どうやって生きていくかは、まだ知る由もない。

司法試験に合格しないならば、会社に勤めるほかない。ところが当時（一九五七年）は不況の真っただ中であり、就職などおよそ望むべくもなかった。とりわけ司法試験を目指し、学部の試験を軽視していた私の成績は、どうにか卒業できただけのものであって、書類選考で落ちるのは目に見えている。最初から就職をあきらめていた。それに同情してくれた義理の兄（当時、國學院大學助手）が、私立高校の講師の世話をしてくれた。むろんそれだけでは食えないので、家庭教師をしながら生活し、大学院への進学を夢見た。

当時、隣の明治大学で宮原三男教授が少年法の研究をしていた。そこで明大大学院に進学することに決め、さいわいにも修士課程に入学できた。大学院での勉強ができることになったのは、私の生涯を決定する幸運なことであった。

ここには小熊虎之助という犯罪心理学の老大家がいた。その教授のもとで、一橋大学の植松正教授らと犯罪の文献を読む小研究会が開かれていた。その会合でお茶くみの仕事をさせてもらっている間に、法務省の役人にも知られる身となった。そのうちに宮原教授は博士号請求論文で、事件を起こし退職した。仕方なく元・高裁判事で『新客観主義の刑法理論』の著作のある久禮田益喜教授のもとで刑法を勉強することにして、博士課程に進学した。しかし私は、当初から刑事政策を専門にしようと決めていたので、彼の講義は上の空で聴いていた。

一九〇三年、法務省に法務総合研究所が、日本で最初の刑事政策研究所として発足した。研究部長は本田正義氏（検事）であった。彼がどうして私を知ったのか、今は具体的に思い出せないが、植松教授らの研究会で知り合った保護局の一人が紹介してくれたように思う。本田部長は「大学院での机上の勉強ばかりではなく、実務を経験してはどうか」と言って博士課程に進学したばかりの私を、学生の身分でありながら国家公務員上級職の扱いで研究部の研究官補に採用してくれたのだ。今から思うと、幸運このうえないことであった。しかも研究部で与えられたテーマの研究のかたわら、もっぱら博士論文（主題・保護観察制度の研究）の準備を、法務図書館でさせてもらった。同時に私は、一日も早くアメリカへ留学することを心に決めていた。

法務総合研究所に勤務して三年目に、アメリカへの留学希望を本田氏に話したところ「有給休暇扱い」で承諾してくれた。さらに正木亮氏（中大時代に世話になった法学者）に「私はこれから犯罪学の研究のためアメリカへ行くが、金がない。すこしでも援助してください」との手紙を書いた。あてにしていなかったが、予想に反して当時の研究所所長であった天野武一氏を通じて「これは私のポケット・マネーである。その代わり君も、ただで金をもらうのも気が引けるだろうから、カリフォルニア州の死刑論議の文献を集めるように」と指示された。アメリカへの留学（一九六三年）は、幸運な条件の中で実現したのだった（カリフォルニアで収集した資料は矯正図書館にある）。正木氏は十万円の餞別をくれた。大卒初任給が一万六千円、高卒公務員が一万一千円の時代である。

一九六三年九月二日、友人や家族に見送られて横浜埠頭から貨客船にのって十日間余の船旅となった。その貨客船での船旅中に、マルク・アンセルの『新社会防衛論』を熟読したのは、冒頭に記したとおりだ。

カリフォルニア大学バークレイ校には、犯罪学部が新設されていた。私はそこの大学院で勉強することとしたが、日本の大学の博士課程の学生でもある。日本へ帰れば博士号取得のための論文提出が待っている。あえて正式の院生になるつもりもない。それよりも学費どころか、自分の生活費をどう捻出するかが問題だった。いったん大学の寮に落ち着いたが、割高なためドイツからの留学生と二人で老人家族のケアをすることを条件に無料の部屋に住み、やっとの思いで日本式レストランのパス・ボーイ（食べた後の食器を運ぶ仕事）にありついた。そこで貯めた千三百ドルが、東回りの世界一周の旅の計画にむすびつくのだ。その一カ月にわたる二十三カ国の刑務所や少年院の見学、国際的な法学者との面接をまとめて、帰国後に『新しい刑政紀行』（一粒社、一九六六年）を出版した。これが私の処女出版となった。

著者の留学を支援してくれた正木亨氏

帰国後すぐ、正木亮氏の新築なった自宅に、お礼のため訪問した。彼はすでに現役を退任し、神奈川大学の教授などされており、そこの学生が来ていた。あまり多くを語ることなく帰路についたが、死刑廃止論者でありながら新築なった自宅で娘にピアノを弾かせている彼に、若げのいたりもあって私は不愉快になっていた。その後、法務総合研究所のメンバー全員が矯正協会に招かれ、会長であった正木氏の話を伺う機会があった。彼は強盗犯人だった人物を自宅に預かったことや、死刑囚との出会い談を長々と語った。その話は幾度となく聴いていた。終わりのころ質問の機会が与えられたのをさいわいに、私は「あなたは死刑廃止論者として著名であるが、死刑廃止運動は一人の英雄が出ることでなく、大衆運動でなくてはならないと思う」と言ったが、正木は苦笑するのみであった。

留学から帰国後、明大に死刑廃止論者の刑法学者・木村亀二が教授に就任された。木村先生は私の本の出版を知っておられ、明大で刑事政策を担当されていた兼任講師の安平政吉教授の定年を機に、私を刑事政策論の専任講師として明大へ採用したいので、学位論文を早くまとめるようにとのありがたい指示を受けた。

私の学位請求論文『保護観察の理論』（この論文は木村教授の推薦で一九六九年に有信堂から出版された）は、木村教授の主査で授与され（一九六七年）同年四月から明治大学で専任講師として、図らずも安平氏の後を引き継ぎ刑事政策論を担当することとなった。期せずして牧野英一（主観主義刑法）の後継者、木村亀二、正木亮、小川太郎に接することができたのである。

私が死刑廃止を単に論じるだけではなく、運動として世に問おうと考えていたころ、フランスでは死刑廃止への胎動がはじまっていた。

フランスにおける死刑廃止の実現

『愛と死と』という映画を憶えておられるだろうか。『男と女』『白い恋人たち』で名声を得たクロード・ルルーシュ監督が、満を持して取り組んだ一九六九年公開の社会派作品である。フランス映画特有の悲劇的な結末は、なぜ義母に密告されたのかという疑問、そもそも主人公の殺意の不純さに、死刑というイメージが黒く印象的にかさなる。ブローニュの森、ピガール広場というフランス人の性と愛……。フランシス・レイの音楽も重たくひびく。

ヌーベルバーグの嚆矢とされるルイ・マル監督の『死刑台のエレベーター』（主演はモーリス・ロネ、ジャンヌ・モロー）はまだしも、出獄後の再会を待つヒロインのイメージに救われるが、クロード・ルルーシュの『愛と死と』は、社会派に徹している。ドキュメンタリーでも良かったのではないか、と思わせるところにこの作品のつよい印象があった。

フランスは西ヨーロッパの中で、死刑廃止が最も遅れた国だった。十八世紀末の大革命において自由・平等・博愛を謳い、新世界（アメリカ）の独立を支援した自由の国が、一九八〇年代まで断頭台（ギロチン）による死刑を存続させていたのだ。

ロベール・バダンテールの『そして、死刑は廃止された』（作品社）から、その時代を紹介しよう。

一九六九年の三月、ド・ゴール大統領が六九年に長い政権の座から去ったとき、時代は変わると信じられていた。軍人出身のドゴールも適宜に恩赦を行うことで、フランスに死刑囚はいなくなっていたのだ。そして、後継のジョルジュ・ポンピドゥーが現代文学と現代美術を愛好する知識人で、自由主義的な思想の持ち主だったからだ。

しかしそのポンピドゥー大統領が、一九七二年に二人の青年の死刑執行を認めたのだ。この当時、フランスの世論調査は、死刑廃止を望む人が初めて過半数を超えていた（五八％）。三十五歳以下の若い層では六八％であった。ジョルジ・ヴィエネらの死刑廃止協会の長い闘いが、ようやく実を結ぶのではないかと思われていた。死刑執行にショックを受けた弁護士のバダンテールは、死刑廃止運動に積極的に関わるようになる。

七三年には農場に押し入った犯人が死刑になった。犯人は農場主の娘を殺し、母親にも傷を負わせていた。大統領は「人質を取ったり、子どもを殺すなどのような特別な場合は死刑もやむをえない」と言明した。その後まもなく、死刑廃止法案が大統領の陣営である右派系の議員たちの手で提出されたが、大統領権力が健在である以上、通過は望めなかった。

ポンピドゥー大統領が七四年四月に死去したあと、フランソワ・ミッテランが大統領選挙に立候補する。左派政権の誕生とともに、死刑廃止が展望できるところまで来ていた。バダンテールは選挙戦にこそ参加しなかったが、ミッテランらと親交をふかめ、そのときが来るのを待望した。選挙結果は、ジスカール・デスタンが五〇・八％の票を獲得して大統領となった。ミッテランとの差は、わずか四十二万票であった。

ジスカール・デスタンも文学を愛好する人物で、個人的には死刑への嫌悪感を表明していた。そして大統領は改革派であった。放送局の改革、成人年齢の十八歳への引き下げ、妊娠中絶法、刑務所改革など、ジスカール・デスタンの時代に改革の流れがつくり出された。

一九七五年のスペインでは、フランコ政権による五人の政治犯処刑（スペインは銃殺である）が行われた。機動隊を襲撃したという罪名での軍事法廷（弁護士抜き）であり、全員が最後まで無罪を主張していた。このとき、フランス政府はシラク首相が反対表明をした以外に、公的な反対を表明していない。理念よりも外交を優先させたのである。これ以降、フランスでは死刑判決が続出する。ブルーノ・T事件（十七歳の少年が三人の共犯者とともに老女の家で強盗殺人）、パトリック・アンリ事件（八歳の少年を誘拐・殺害）など、死刑世論を喚起する事件が続いたのである。七六年には五件もの事件で死刑判決がくだる。のちにブルーノ・Tは恩赦になるが、バダンテールはパトリック・アンリの弁護を引き受けることになるのだった。そして理を尽くした弁護の結果、死刑を求刑された被告人は終身刑となった。これでもう、死刑はなくなる。死刑はおしまいだ――。バダンテールが司法の最前線で得た勝利の確信だった。

だがまだ、政治の場での闘いが残っている。本文から引用しよう。

「『すべてが政治的である』という、六八年の五月革命で愛用されたスローガンは死刑に関しても有効だった」「刑法を変えるには憲法ではなく普通の法律を変えればいい」。

七七年は地方選挙で左派が勝利を占め、死刑廃止をめぐる議論は活発をきわめた。死刑廃止国際会議には多くの活動家が集まった。もっとも、このような議論のさなかにも、死刑は行われた（恩赦が行われなかった）。フランスにおいては大統領の恩赦が、死刑を停止するほとんど唯一のものとなっていたのである。

ジスカール・デスタン大統領は、暴力と法律違反・犯罪性について研究する委員会を設立した。その委員会が七七年六月に報告書を公表し、フランスが暴力と犯罪と戦うための百三の方法を提案した。委員会は死刑廃止について投票し、賛成六、反対三、保留二で死刑を廃止すべきだと報告した。

そのいっぽうで、死刑は行われていた。少女を誘拐して殺したラニュッチ事件、同じ犯行態様のジェローム・カラン事件、売春を拒否した若い女性を絞殺したアミダ・ジャンドゥビ事件……。ギロチンが復活したのだった。

このころ、フランス社会に大きな影響力を持っているカトリック団体も、死刑廃止に向けた活動を開始していた。すなわち、フランス司教団社会委員会が「死刑についての考察の基本」という文書を発表したのである（一九七八年一月）。マルセイユ大司教のエチェガレ師が起草し、メディアに発表したのは、パトリック・アンリ事件のときに同郷者たちに苦悩と怒りを乗り越えるように呼びかけた、トロワ司教のフーシェ師であった。教会と死刑の歴史は、異端審問における死刑の正当化という過去を持っている。司教団のメッセージは「人間はその肉体と魂を神に負っている」「この人と神との神秘的な対話を冷酷に断ち切る」のを、受け容れることはできない、とするものだ。バダンテールによれば、このメッセージは恩赦権を持つ人、つまり大統領に向けられたものだ。

一九七九年の段階でフランスの世論は、五五％の人々が死刑存置に賛成、三七％が廃止に賛成であった。いっぽうで、この年の地方選挙では左派が躍進し、八一年の大統領選挙ではミッテランが勝算を得ていた。そして八一年の初めに、ある週刊誌が「フランス人は死刑に賛成（六三％）」という見出しのトップ記事を掲載した。死刑制度反対は三一％である。そのような情勢の中で、大統領選挙を報じるメディアは、候補者に死刑に対する立場を質問している。

ジスカール・デスタンは「わたしの任期中に死刑は適用されてきた。現時点では、政府が議会に死刑廃止を提案するべきではない」というものだ。有力候補のジャック・シラクは、憲法第九条にもとづいて、死刑廃止の国民投票を実施したいと発言した。シラク自身は死刑に反対だと述べている。ジャン＝マリー・ル・ペンは、容赦なく適用せよ。共産党のジョルジュ・マルシェは死刑反対だが、廃止の方策については明言しなかった。問題はミッテランである。国民世論が死刑存置に動いている時期に、死刑廃止を選挙公約にするのは難しい。だが、ミッテランはテレビ番組でこう明言したのである。「良心において、良心に基づいて、わたしは死刑に反対します」「それと反対のことを告げている世論調査を読む必要はありません。過半数の意見は死刑に賛成なのです」「わたしの信ずること、わたしの心が信じていること、わたしの信念、わたしの文明への配慮を口にします。わたしは死刑に賛成できません」と――。バダンテールは「狂喜した」と記している。

そして、選挙に勝ったフランソワ・ミッテランはエリゼ宮に入って大統領になり、バダンテールは法務大臣に就任する。一八四八年にヴィクトル・ユゴーが口にした「死刑廃止は純粋で、単純で、決定的でなければならない」という願いは、一九八一年九月の法務委員会および国民議会で実現された。世論調査ではあいかわらず、六割以上の国民が死刑存置に賛成だった。政治家たちの信念がなければ、フランスの死刑制度は廃止にならなかったのである。一九八一年九月三十日、討論が終わって廃止法案が採決されたのは、午前十二時五十分だった。

ひたすら思うに、フランス人の信念がなさしめる偉大さに、いまもって感動をおぼえる。死刑を回避して生き延びようとする死刑囚の計画に同意し、脱走のための銃を準備した若い女性弁護士がいたり、法学者たちは七七年に代替え刑（終身刑）導入を議論している。歴代の大統領たちは恩赦でギロチンの使用を避け、聖職者たちは死刑廃止を社会に投げかけてきた。そしてバダンテールなど、弁護士たちの熱心な活動――。

彼ら、彼女らの献身的な活動を知るにつけ、私も勇気をもらった。死刑廃止運動に、命を捧げようと。ここから先は、バダンテールの『そして、死刑は廃止された』に倣い、私の死刑廃止運動の軌跡を述べることで、日本における課題と教訓を記録することにしたい。

民間死刑廃止グループの発足に奔走

正木亮氏は『社会改良』という死刑廃止運動のための機関誌を出していたが、それを継続するため、彼の逝去後に私は「犯罪と非行に関する全国協議会」（ＪＣＣＤ）の結成を呼びかけた。それに応えて正木の高弟の一人、小川太郎（元行刑保護局長、のちに亜細亜大学教授）が賛意を示してくれて発足した（一九七五年）。小川の死後も「全国犯罪非行協議会」（非営利活動法人）として『ＮＣＣＤ』（季刊）の発行を継続した。

この『ＮＣＣＤ』を足場に、大衆的に死刑廃止論を展開するうちに、多くの市民運動家と知己になった。中山千夏氏を中心とした丸山友岐子さんらの「死刑廃止女の会」に招かれて講演などもした。一九八五年十月に開かれたＪＣＣＤ第十回大会では「死刑――新展開を求めて」とのタイトルで、いくつかの団体や政党などからパネリストを招いてシンポジウムを明大で開いた。その意図するところは免田事件など、いくつかの冤罪事件をまのあたりに見て、死刑廃止運動の諸団体を結集させて運動を拡大・前進させることにあった。

各種の死刑廃止団体と連携するための「死刑執行停止連絡会議」を発足（一九八八年六月十一日）し、結成大会を明大大学院の南講堂で開いた。その大会には「死刑廃止弁護士の会」代表の人権派弁護士・倉田哲治、「死刑廃止女の会」（代表・中山千夏）の丸山友岐子氏とともに、ＪＣＣＤを代表して私が参加し、この三人が連絡会議の代表世話人となった。その事務方を引き受けたのが、対馬滋（当事・創出版社主）であった。

同連絡会議では、①われわれは、ひろく各界からの署名を集め、国会に死刑執行停止を請願する。②議員立法として、「死刑執行停止法案」を超党派で上程するよう国会議員に働きかける、をスローガンに掲げた。当日までに六百人余の賛同者から返書が寄せられ、機関誌『死刑執行停止連絡会議ニュース』を発行することとなった。

賛同者のなかには、著名な作家や憲法学者も見られたが、主婦からのカンパとともに、キリスト教や宗教関係者が多数賛同を寄せてきた。この連絡会議の裏方を務めてくれたのが、対馬滋氏である。彼とはその後の「死刑廃止フォーラム」や「東京犯罪被害者支援センター」で長く協働することとなった。連絡会議は、国会議員に対する死刑についての意見調査や、都内のあちこちで死刑執行停止の署名集め、一万五千の署名を国会に提出するなど、積極的に参加することとなった。マスコミにも注目されることとなり、朝日新聞論壇に「死刑執行停止会議について」を書くなどした。

一九八六年五月、恩師の小林高記氏が急逝した。小林氏との関係について少々触れると、氏こそ私を学者にすることを夢みて指導してくれた人物である。氏との出会いは、私が大学院（修士課程）に入学した一九六一年に雑誌『法律のひろば』に「犯罪予測と保護観察」（同誌、第一四巻第一一号）という論文を投稿したとき、氏がその雑誌の編集長を務められていた。氏は私の投稿を読み、銀座の本社（帝国行政学会）に呼び出してくれた。

そのとき小林氏は近くの喫茶店で、私の論文の文脈を遂一批判した。しかし「十八文字のうち十七字を修正しても、原作者は君だ」と言い、その原稿を『法律のひろば』に掲載してくれた。その後の二十五年間、氏は私の文字どおりの恩師であり、心の支えとなってもらった。

小林氏は東大法学部の牧野英一教授のもとで、無料の研究助手を長年務められた（本人は東大文学部哲学科卒）。その関係で、その後に私が知己を得た正木亮氏や木村亀二氏らとも親交があった。小林氏は、牧野研究室とその周辺の研究者について、おどろくほど裏話に精通し記憶されていた。あるとき箱根で合宿し、氏から二日間にわたり話をテープに収録したほどだった。そのことが、その後の私の犯罪学の研究にいかに役立ったことか。実はその後において、私を木村亀二教授に推薦したのも氏であった。小林氏の考え方は今の私の原点であり、困難に遭遇するたびに、氏ならこの問題をどのように判断するかと想定する。その学恩は決して忘れられるものではない。氏との関係はその後は家族ぐるみとなったが、詳細を語るのは別の機会としたい。

一九八八年九月十五日付けで、死刑に関する私の最初の著書『死刑――その虚構と不条理』（三一書房）を刊行した。この本は畏友・辻本義男氏（ＪＣＣＤ理事）が所有する死刑に関する書籍を借り受け、一気に書いたものであり（現在は『新版・死刑』明石書店）、丸山友岐子氏の紹介で三一書房から出版されたものだ。同書に対しては、「胸に深く、突き刺さる本である」（毎日新聞、一九八八年九月二十九日）等の書評を受けた。

この本の出版が契機となり、韓国で死刑廃止運動を指導していた弁護士・李相赫《イサンヒョク》氏から韓国で講演して欲しいと連絡が入った。李弁護士は、裁判官十年の経験の後に弁護士となられ、当時、韓国の死刑廃止協議会の会長として運動しておられた。早速ソウルを訪問し、講演する名誉に浴した。十二月に再訪問し、五十五歳の誕生日をソウルで迎えたのだが、この日に国連で死刑廃止条約が通過した。自分の誕生日に死刑廃止条約が成立したのだ。何か運命的なものを感じずにはいられない。その後は、こんにちまで数回にわたり訪問を繰り返し、韓国の死刑廃止法案の参考意見を述べることにもなった。これが縁で両国の運動は密接に連絡をとるとともに「死刑廃止アジア会議」結成につながった。

一九八九年十二月の国連が「死刑廃止条約」を成立させたのを機に、弁護士会で死刑廃止運動で活躍していた弁護士・安田好弘氏が「死刑執行停止連絡会議」にも顔を見せ、彼の提唱で「死刑廃止国際条約の批准を求めるフォーラム90」を結成する話が生まれた。それより先に、私は第二東京弁護士会の研究会で恩赦について報告し、そこではじめて彼に会っていた。

「フォーラム90」は、ひろく死刑廃止の運動をする、市民運動の結集であり、組織はないが、安田氏の弁護士事務所を拠点として月二回程度の割合で会合を開くこととし、私も参加した。安田氏は私の参加を、ことのほかよろこんでくれた。「フォーラム90東京」の発足は全国にも波及し、それぞれ独立の「フォーラム」が名古屋、大阪、福岡等でも発足し、一段と死刑廃止運動の広がりが実現した。現在、隔月刊の会報は、送付部数五千を超える。

一九九〇年になると、宣教活動の一つとして岩波ブックレットに死刑について書いてはどうか、という話が死刑執行停止連絡会で出た。すぐに思いついたのが、岩波書店から数多くの書物を出版している、法学部の教授であり哲学者の中村雄二郎氏である。早速紹介して欲しいとの連絡をとった。中村教授からは親切な紹介の連絡を受け、四月にブックレット出版の内諾が得られた（高林さん担当）。一九九〇年は七月から大学の在外研究員として短期留学のため、コロンビア大学の客員教授を務める計画がすすんでいた。それまでに大方の原稿をまとめなくてはならない。連日その作業をすすめ、六月十五日に岩波書店へ原稿をもっていった。

この年いらい死刑執行が事実上停止していた。十二月に韓国の李弁護士に来てもらって、明大で「囲む会」を催し、フォーラムの会でスピーチ、静岡等でのスピーチをこなして九〇年は希望のうちに過ぎた。

死刑停止が見えてきた頃

明けて一九九一年は、死刑廃止運動にとって多忙な年となった。死刑の執行が千日にわたり停止されており、これを存続させる必要があるからだ。当時の日記からその動きを追ってみよう。

一月にはまず安田好弘弁護士から「弁護士の死刑に関する世論調査」を百万円で委託された。ゼミの学生を動員して全国の弁護士六千五百人にアンケート調査を実施した。

二月二十一日には、安田氏とアムネスティ日本支部の岩井信氏と三人で衆議院に出かけ、議員の江田五月氏にはじめて会って死刑廃止の協調を話しあった。

三月十九日、早稲田奉仕園で記者会見（死刑執行ゼロは二十二年ぶり）。NHK解説委員の若林氏らとはじめて会う。三月二十日には有楽町の外人記者クラブで、日本の死刑の現状について会見した。

四月十六日、僧侶四〜五人（うち代議士の伊藤整氏がいた）と安田氏らを含む八人が法務省刑事局を訪ね、総務課長に死刑執行書に署名しないように要望書を提出。代表として要望書を目の前で読み上げる。

四月二十三日、死刑執行停止連絡会議が実施した署名を衆参両院へ提出、裁判所の記者クラブで記者会見する。これには江田五月氏も立ち合った。

この間に『死刑廃止・日本の証言』の出版計画を立て、弁護士、死刑囚の母親、元死刑囚の免田栄氏、団藤重光氏等、数十人にインタビューを開始した。日本が死刑執行を停止し、廃止に向かう現在、どのような人が死刑について何を考えているかの記録をとっておこうと思いたったからである。この本は九三年十一月に、三一書房から出版された。そのかたわら『死刑・アメリカの現実』（イアン・グレイ／モイラ・スタンレー、恒友出版）の翻訳作業を研究室の院生たちの協力を得てすすめる。テレビ出演も増え、都内はもとより広島、松山、姫路、京都、そして台湾でも講演をこなし、朝日新聞の論壇に「死刑執行停止」について投稿したりした。団藤重光氏の『死刑廃止論』の初版が出版されたのもこの年である。マスコミも死刑執行停止が続くにつれて関心をもち、新聞がとりあげてくれた。

七月七日、「フォーラム91ひろしま『死刑』初心者大会」で講演。同八日、松山集会「菊田幸一氏講演会・死刑廃止国際条約の発効にあたって」。十二月十五日、九州の田原法務大臣の地元で死刑執行阻止の市民集会を開いた。元死刑囚・免田氏も参加し、石井健次郎、伊藤ルエ氏とはここで初めて会った。その帰りの飛行機のなかに、田原法務大臣その人が乗っていた。それを見つけたのも、まったく偶然であった。

一九九二年になると、フォーラムでは日比谷公会堂で死刑廃止市民集会を開く話がもちあがってきた。そのメインとなるゲストに、フランスで死刑廃止を実現したときの法務大臣バダンテール氏を招待することとなった。そのための打ち合わせを衆議院議員の江田五月と相談などした。この集会には金がかかる。フォーラムに三十万円を寄付した。

日比谷公会堂での集会は三月七日に決まった。バダンテール氏の招聘に安田氏がフランスへ飛んで交渉し、招待することに成功した。三月二日にバダンテール氏を迎え、記者会見に臨んだ。志賀節（衆議院議員）、中坊公平氏（日弁連会長）、第二東京弁護士会の人権委員長・内田正剛氏、作家の加賀乙彦氏、団藤重光氏らが参加した。集会を前に朝日新聞の記者に二時間ばかり研究室で死刑について取材を受ける。

三月七日の日比谷公会堂には約千二百名が集まる。ロベール・バダンテール氏は「フランスなぜ死刑を廃止したか」を講演した。そのスピーチにかんして、テレビ朝日「プレステージ」で「ホンネ対決　死刑廃止は是か否か」に海渡弁護士らと出演。死刑についての関心が、ようやく一般化しつつあることを知る。

一九九二年は人権規約の五年に一度の、日本についての審査が実施される年である。日本政府は報告書を提出する義務があるが、その内容にわれわれは疑問をもっていた。市民の立場から、いわゆるカウンター・レポートを作成し、場合によっては十月に開かれるジュネーヴ会議でどんな論議がなされるかを傍聴する必要がある。そのためのカウンター・レポート作成にとりかかった。八月三日には記者会見をし、内容を公表する。そのいきさつを法律専門誌『ジュリスト』に掲載してもらうべく交渉した。

八月三日午後三時から、外人記者クラブで記者会見に臨んだ。志賀節、二見伸明、江田五月の代議士が同席した。死刑廃止について、こんな記者会見ができるとは夢のようだ。これも草の根運動の成果だ。自己を無にして頑張ることを忘れてはならない。八月六日には死刑執行ゼロ千日目を迎える。九州のラジオ取材に応じた。

八月六日の朝七時に九州テレビに電話出演。午後は渋谷の公会堂を会場として集会を開き、その後のパレードに参加する。九月、十月、十一月と死刑執行がない。十一月二十日、第二東京弁護士会で、死刑執行ゼロ三年の記者会見をする。これを契機に、法政大学、松山で講演に招かれる。松山での講演は翌日の愛媛新聞、朝日新聞に大きくとりあげられた。

十一月二十三日、松山市での四国フォーラムで、ドロシア・モアフィールドさんらと講演。

十二月十三日、明大で田丸美寿々さんらを招いて、死刑をめぐる講演会を開いた。最後に挨拶する。後藤田氏が法相に就任した。マスコミでは死刑執行の可能性があると報じている。

十二月十五日、五十八歳の誕生日である。午前中、朝日新聞の論檀に「後藤田氏に望む、死刑執行するな」の原稿を書き、FAXで送付（十二月二十二日に掲載）。「もし後藤田法相が死刑執行を再開するならハンストする」と、九二年最後の日記に書いて年末を過ごした。今年も死刑執行はなかった。

国連人権委員会へは出席しよう。九三年七月になりそうだ。

一九九三年になり、死刑執行停止が三年を超え、死刑廃止がもしかして実現するのではないか、一月十一日の朝日新聞の社説でも論じている。死刑執行停止連絡会議としても「国会議員アンケート」集計報告をし、大学のゼミで電話による世論調査を実施するなどした。

死刑執行停止が続き、「死刑廃止議員連盟」結成の動きがあり、二見（公明）、志賀（自民）、江田（社民連）が中心となり、自民党の鯨岡兵輔氏を顧問にしようという話が出ている。自民党が中心になる必要がある。議員連盟が死刑執行停止法を提出するとなるならばすばらしいことだ。

一方、雑誌『諸君』が産経新聞の論説委員・飯田氏の死刑存置論を掲載し、私の朝日新聞に載った「論壇」を批判した。さっそく反論を書いたが『諸君』の編集長から掲載を拒否するとの連絡が入った。やむなく『潮』に交渉する。四月号に掲載されることとなった。この間も大阪弁護士会、姫路での講演では東本願寺派の住職で死刑廃止に取り組んでいる寺光順光氏と会った。国士舘大学等での講演とつづく。

三年四カ月ぶりの死刑執行

案じていた死刑執行を、ついに後藤田法相がやった。三年四カ月ぶりに後藤田法相が三人の死刑執行をしたのである（近藤清吉、立川修郎、川中鉄夫）。三月二十七日早朝、安田氏より執行の知らせがあった。すぐに安田氏の事務所である港合同法律に向かった。抗議文の作成、午前十一時より司法記者クラブで記者会見。昼のニュースで大きく報道された。フォーラムの会議もそこそこに、大学へ向かった。この執行に抗議してハンストを実行することを一人で決めたのである。

場所は明大大学院前の玄関とすることにし、近くの店でテントと下敷きを買って、三月二十七日午後四時からハンストに突入した。ハンストの初日は、テントも吹き飛ぶような春の嵐が吹きすさんだ。覚正君が同伴してくれた。アムネスティの岩井信さん（現弁護士）もどこからか大型車を借りて常駐し、交代で見守ってくれたし、医者を呼んでくれて定期的に身体検査をしてくれた。一人で勝手に決めたハンストであったが、一人でできるものでないことをはじめて知った。

ハンストに入った翌日の二十八日には明大大学院の南講堂で午後二時から「死刑執行に抗議する大会」が開かれたが、ハンスト中の私はテントに横たわっていた。抗議集会参加のみなさんが激励してくれたことは言うまでもないが、無届けで玄関でハンストしている私を大学とその職員の方が、むしろ声援してくれたことに今も感謝している。韓国から李弁護士が激励に来てくれたことも大きな感激であった。このハンストの間、東京では法務省前で、新潟、仙台、福岡でビラまきが、国会では参議院法務委員会で竹村泰子、猪俣重議員が後藤田法相に死刑執行について質問した。

三月三十日午後になって、社会党の江田五月氏が電話をくれた。「死刑廃止議員連盟」を結成させるから、それを理由にストを中止して欲しいと連絡してきた。これを受けて同日午後四時で、三日間のハンストは一応の名目を得て中止した。

むろんハンストは最初の経験である。それは一人の決断でやればいい程度に考えていたが、多くの方の援助なくして実現しないことを知った。ハンスト中はいろんな人との会話ができた。マスコミも写真をとったり、インタビューしてくれた。在野の研究者の後輝雄氏が『死刑廃止論の研究』を三一書房から出版するので、序文を書いてくれとテントを訪れた。宗教関係者も来た。その多くの人たちとは今も交際が続いている。

ハンスト中止後は、ひときわ多忙であった。死刑に代わるべき制度について検討する必要があるのではないかと思うようになった。

五月十八日、日比谷パレスで記者会見。後藤田氏を告発できないか議論する。ＮＨＫが取材。同日、日本弁護士連合会に、菊田、岩井、安田の三名が後藤田正晴法務大臣が三月二十六日に行った死刑執行は、死刑に関する国際規範に違反する違法、不当なものであり、重大な人権侵害であるとして人権救済を申し立てた。国連人権（自由権）規約及び国連決議等での死刑に直面する者に対する権利の保障において、同規約第十四条第三項の防御権、弁護を受ける権利を保障しているが、日本の死刑囚にはその保障がない。これらの違法は国際法規に反する明白なものであり、人身保護法第二条にもとづき被拘禁者の救済を求める、とするものである。

一九九四年に入り、死刑廃止国会議員連盟の準備会が発足することとなった。三月十七日「議員連盟準備会」が開かれた。これを支援することも含めて、三月二十日に明大南講堂でフォーラムの集会を開いた。ここでは新たに『今、なぜ死刑廃止か』を新書版で出版するべく準備していて、関心のある「憲法と死刑」に関して挨拶で話した。夕方、デモに参加。四月四日には竹村泰子議員のもとに死刑に関する議員のアンケートのパンフを運ぶ。

四月六日、「死刑廃止を推進する議員連盟」創立総会は会長に田村元氏、副会長に佐藤恵、志賀節、竹村泰子、田英夫、事務局長に二見伸明氏が就任した。

一九九七年二月、死刑廃止フォーラムでは「死刑・存置と廃止の出会い」というタイトルでシンポを開いた。このシンポには渥美東洋（中大）、土本武士（元検察官）などの死刑存置論者の参加を得て、立場を超えて論議した。この「出会い」を一回限りで終わらせることなく、幅ひろい人材の参加を求め民間法制審を発足させようという案がもちあがった。結局この案は頓挫してしまったが、その審議会の委員に死刑執行を再開した後藤田正晴・元法相がリストに入っていた。そこで彼にどのようにして交渉するかの段になって、倉田弁護士が田中角栄の弁護をした関係で親交のあることが分かった。

九八年十二月六日の朝、共同通信から自宅に電話が入って「安田さんが逮捕された」との一報をうけたとき「どこの安田ですか」と叫んだものだ。次の週の週刊誌『AERA』がその私の驚きの話を大写しの安田氏の写真とともに掲載した。

ここで改めて安田弁護士との出会いから話をまとめておきたい。安田弁護士とは、私が東京第二弁護士会の研究会で恩赦に関する講演をしたときにはじめて会った。戦後の死刑囚の恩赦についての記録の間違いを指摘されたのが印象的であった。その後こんにちまで十数年にわたり死刑廃止運動をともにすることができたことは幸いというほかない。フォーラムの会議は月二回ぐらいのペースで安田氏の法律事務所を拠点として開いている。常時十数人が参加し、喧々諤々の論議もする。むろん意見の対立も多いが、安田氏は私の意見にはつねに耳を傾ける人である。私の存在を認めてくれているという思いがいつもある。彼はだれにでもそうではない。私から見て冷酷なまでに言いつめる相手もいる。そこまで言わなくともよいではないかと、何度か思ったこともある。その彼が私には（むろん私が若干の年配ではあるが）、つねに存在を意識していてくれることは身をもって感じている。これまで多くの人との交際があるが、心底から話し合える数少ない彼との出会いを神に感謝したい。

どうしても記しておきたいのは、彼の逮捕事件である。このことは彼にとってはもとより、彼をとりまく無数の人にとっても晴天の霹靂のことであったことは言うまでもない。想えば、安田氏の逮捕には、私もいささかの関係がある。というのは彼が地下鉄サリン事件の麻原彰晃の主任弁護人を引き受けるかどうか、死刑廃止運動にとってマイナスになることは間違いないとして、彼は随分迷ったようだ。そのとき、彼は私だけに相談したという。私はその年の『日本の論点』（文藝春秋、一九九六年十一月）に「麻原を死刑にという大合唱のいまこそ死刑廃止論にこだわる」という論文を書いていた。

安田氏の相談に、私は「仮に麻原が世紀の大悪人であるとするならば、その彼を弁護できるのはあなたしかいない。その麻原の弁護をし、彼を乗り越えて死刑廃止を実現してこそ日本の死刑廃止は本物となる」と言って即座に賛成した。むろん彼は私に相談するまでもなく自分では弁護を引き受けることをすでに決めており、仮に反対しても引き受けていたはずであるが、一応の了解を得ておきたかったのであろう。

そうとはいえ、内心は「これでよいのか」との不安があり彼の事務所から地下鉄の駅までの間に、いろんなことを想いめぐらし、途中で私のパートナーとも相談したところ、彼女は「断わるべきだ」と言う。それを受けて永田町の地下鉄の入り口で彼に電話を入れ、もう一度諾否について慎重に考え再考して欲しいと話したが、彼はすでに撤回の気分ではなくなっていた。

安田氏の顧問会社にかかわる強制執行妨害罪の逮捕は、彼が死刑廃止運動のリーダーであり、麻原裁判の主任弁護人であるが故の、デッチ上げの逮捕であったことは、その後の裁判の過程で明らかにされた。

彼の拘置はその後九カ月におよんだ。その間、私は努めて死刑廃止の会議には出席することで彼の不在中の身代わりをしようとした。自分なりに、都内をはじめ福岡や仙台などで求めに応じ逮捕の真相を講演しても歩いた。しかし彼の逮捕によって、死刑廃止運動に逆風が吹いたことは否めない。同時に彼がいない死刑廃止運動がいかに空虚なものであるかを、フォーラムの一人ひとりが言わずもがなのなかで実感していた。それまでに彼一人に頼りすぎていたことも反省すべき機会となった。

彼の逮捕を批判する集会で、彼についての逸話が親しい友人等から、あるいはかつての弁護依頼者から話が出るごとに、彼の人間性と生き様を知るにつけ、いまさらながら、彼とともに死刑廃止運動のできることの幸せを実感するに至った。ただし、日本の死刑廃止運動は、一人のすぐれたリーダーだけに依存しているわけではない。むしろ彼をリーダーとしつつも、彼を支えている、それこそ何十人の、一人ひとりが、それぞれの持ち味と分担をこなして一つの目的に献身的に長年にわたって協働している人たちが、日本の死刑廃止運動の広がりのありようを示している。彼がいなくとも、彼に代わりうる人物が何人かいることも、彼の不在という現実から知りうることとなった。

その一人に対馬滋氏（元雑誌『創』発行者）がいる。彼の実兄（?）は現職の最高裁裁判官であると聞いている。その対馬氏とは、安田氏との出会い以前から親交がある。一九八八年に「死刑執行停止連絡会議」を発足させるに際し、中山千夏氏や丸山友岐子氏らの「死刑廃止女の会」等に呼びかけ、同会議の事実上の火付け役を果たし、機関紙発行の責任者として、また数万人におよぶ国会への死刑廃止署名運動を先導し、さらに一九九七年に発足した「東京犯罪被害者支援センター」の室長という地味な仕事の責任者でもあった。このような人が日本にいるのか。私は、自らの生半可な生き様からいつも教えられた。

その対馬氏は、死刑囚・木村修治へのジャーナリストによる取材に関し、行政裁判を提起していた。最終的には最高裁で棄却され主張は認められなかったが、その裁判を受けて、インパクト出版会の深田卓氏と私が木村とともに三人が原告となった。名古屋拘置所長が、われわれの木村への面会を拒否したことは、表現の自由の侵害であるとの訴えを起こした。同裁判は最高裁で上告棄却された。

死刑執行のたびに「フォーラム」を代表し司法記者クラブで記者会見を繰り返す。

その年のNYでは、もっぱら終身刑について資料集めに集中した。一応の目的を果たして帰国。早速、それを整理し、論文執筆にとりかかった。

NYへ行く前の八月六日に、安田氏と二度目の面会をした。元気だったが、暑さが大変だったようだ。その面会では用件があった。というのは安田氏がなかなか保釈されないこともあって、支援者、といっても大半はフォーラムのいつもの仲間であるが、保釈要求の集会とデモをやるという。私は基本的には、裁判の件は法廷で争うべきであって、法廷外の圧力は権力側をいらだたせるだけであると反対してきた。そのことが周囲の人との意見の相違となって、ギクシャクした関係が続いた。私は、これは本人が態度を明らかにすべきことであると考え、安田氏に手紙を書いた。しかしそれに対する返事はなかった。そこで直接会って談判することにしたのだ。

面会の当日、そのことを話したところ、一応は私の意見を聞き入れたようであった。それを聞いた仲間が、わざわざ別の日に確認のため面接に出かけた。そこで彼は「私は市民運動とともに生きてきた男です。みなさんの意見に従います」と言ったという。かくして集会とデモが行われた。

ＮＹにいる間の九月二十七日、安田氏は九回目の保釈請求で、やっと二百九十六日ぶりに保釈されていた。十一月八日に「安田さんが帰ってきたぞ、歓迎と報告の集い」が文京区民センターで開かれた。私も出席して祝賀の乾杯の音頭をとったが、内心は、こうした形で騒ぐことを心から歓迎することはできなかった。少なくとも死刑廃止運動は個人的な救援とは別に、もっとひろい視野で展開する必要がある。終身刑についてアメリカの現状を調べて欲しいと言ったのは彼だが、今は終身刑について周囲の運動家が消極的であるため、彼は積極的な代替刑についての話をしない。周囲に気を使っている様子が見え見えである。死刑廃止のリーダーであれば、こういうときこそ自らの態度を闡明にすべきではないのか。フォーラムとは一定の距離をおかざるを得ない、そのような思いが蓄積されつつあった。その後も終身刑についての取り扱いに関する二人の相違は、長い間の課題となった。

浜四津敏子の終身刑論

公明党の浜四津敏子・代表代行は終身刑導入に関して検討する計画をもっていた。のちに与党三党によるプロジェクトの発足に関しても私が深く関係していた。その状況を説明しておきたい。

私はかつて、一九八五年の『知らないと損する恩赦の知識』（第三文明社）という本を出版したことがある。それいらい創価学会や公明党、その関係機関紙の人との親交があった。そのうちの一人である公明新聞の峠氏とは、とくに親しくなった。彼は仕事のうえで浜四津氏の信望を得ていた。公明党は党の方針として、死刑廃止を掲げている。その関係で峠氏は一度、浜四津国会議員と死刑廃止のありようについて話し合って欲しいと申し込まれた。当方としても願ってもないことだ。浜四津氏や峠氏は私一人を予定していたようであるが、せっかくだからフォーラムの安田氏に同行してもらうことにした。それを聞いたアムネスティの石川顕氏にも同席してもらい、二〇〇〇年

公明党の死刑廃止運動を牽引した
浜四津敏子氏

二月に三人が浜四津氏と会うこととなった。

死刑の代替刑としての終身刑採用をどのように主張していくかについては、フォーラムのなかでも議論があった。私は当初から終身刑導入を主張していたし、それを感じた安田氏はアメリカの終身刑について調べて欲しいと、毎年ニューヨークへ出かける私に宿題を出していた。その意向を受け、私は集中的に終身刑について調べ、欧州死刑廃止先進国の状況をも調べた後に、その論文を『法律時報』(二〇〇〇年九月号)に掲載するなどした。

そのような状況のなかで浜四津氏と会い、彼女から「終身刑プロジェクト」を与党三党で発足させたいとの提案が出た。浜四津氏は「今の日本社会では死刑廃止を実現するには大きな反発がある。そこで最終的に死刑廃止が達成できるような段階的アプローチの必要がある」と述べた。浜四津氏は当初は公明党の方針もあり、死刑廃止を前提として終身刑採用を検討することを当然視野に入れていた。

しかし、与党三党ともなれば死刑廃止を前提としては、おなじテーブルで議論することはできないと拒否される可能性があったので、私は終身刑採用を検討することを進言した。死刑廃止はそれについてくるとの論理で、当面は死刑廃止を表に出さないよう進言した。

同席した安田氏は、①恩赦権が確立された上での終身刑、②現在の厳正独居の廃止、③死刑判決は裁判官の全員一致制とする、④死刑判決を求めての検察控訴を制限すること、⑤死刑判決の場合の自動上訴権の確立、を条件とすることを提示した。

かくして同年五月の公明党常任役員会で政策審議会の下に「終身刑導入検討プロジェクト」が設置された。そこでの検討を経て、自民党、公明党、保守党の三党による同年九月十九日に開かれた政策責任者会議で正式に合意がなされた。座長には言い出しっぺの浜四津氏ではなく自民党の谷垣禎一（党司法制度調査会長）が就任した。

その月の八日の毎日新聞はニュース速報で「〈終身刑導入〉与党三党導入に向けプロジェクトチーム協議難」との見出しで「終身刑導入を死刑廃止につなげたい公明党と、死刑制度そのものは維持したい自民党など、三党の思惑には大きなズレがある。……公明党には死刑の前に終身刑があれば、かなりのケースが終身刑になる。終身刑の後には死刑廃止の論議につながるとの思惑がある」と報じた。

プロジェクトチームは、十月十日に初会合を開いた。谷垣氏は会合後、「死刑廃止論とは切り離して論ずる」と、死刑廃止論議には踏み込まない考えを示した（毎日新聞速報、十月十日）。プロジェクトチームは、法務省矯正局や保護局、日弁連刑事法委員会、元高裁判事の小林充氏（東洋大教授）等からヒアリングした後、二〇〇一年二月六日の第九回定例会（最終会）で、私に報告する機会が与えられた。

私は「いま、なぜ終身刑か」と題し、①世論が終身刑を求めているとして、日弁連、朝日新聞、NHK、衆議院議員立候補者等のアンケート結果、②一九九七年、二〇〇〇年の広島高裁、横浜地裁での「死刑と無期には無限の隔たりがある。裁判所としては仮釈放のない無期懲役を考えてもよい」とする判決の紹介、③大野最高裁判事の補足意見（一九九八年六月）、④宗教界（天台宗、本願寺大谷派）の声明、⑤殺人被害者遺族も加害者を終身刑にして、刑務所で終身償いをせよ、との意見があること、等を紹介した。さらに、どのような終身刑が望ましいか、終身刑に対する批判、終身刑批判への反論、重刑罰化への反論等を外国の例を挙げながら報告した。

出席者のなかには与党三党のメンバー以外にも、法務省刑事局刑事法制課長、矯正局総務課長ら四人が傍聴していた。私は報告の後で、とくにこの人たちに挨拶し、法務省と一緒にわれわれも協議・議論に参加しながら終身刑を考えようではないかと話しかけたが、とくに反応はなされなかった。

プロジェクトチームの成果をもとに公明党の浜四津氏は、いわゆる浜松私案なるものを発表した。その私案の骨子は、死刑は存置したまま、新たに特別無期刑（特別無期懲役、特別無期禁固）を設ける。これには二十年か三十年経過すれば仮釈放を認める、とするもので、行刑論議における案の一つとして示されたことがある。浜四津氏によると、実質的には終身刑であるが、特別無期であれば現在の無期懲役を改正するだけですみ、あらたな罪名の新設に比較して法案が通過しやすいという利点がある。

第三章　ふたたび国際的な視点から

第一回死刑廃止国際会議前後

ヨーロッパ評議会の議場があるフランスのストラスブールで「第一回死刑廃止世界会議」が二〇〇一年六月二十一日から二十三日にかけて開かれることとなった。

死刑廃止フォーラム90はアムネスティ日本支部と共同で、日本の死刑の現状を訴えるツアーを計画した。その際に「隠されている日本の死刑」の小冊子（英・独・仏訳）約五千部を用意し、関係国にあらかじめ送付し、さらに死刑囚が獄中で描いた絵を数十点持参し「いのちの絵画展」を開くことを予定するなど、準備に忙殺された。私はその日本派遣団の団長として当会議に出席することとなった。

ストラスブールでの世界会議に出席する日本派遣団は、フランスへ到着する前にイタリアでの死刑廃止集会に出席するため六月十七・十八の両日ローマに滞在することになった。

ローマではチリの死刑廃止を受けてライトアップされたコロッセオでのセレモニーで、免田氏が壇上からアピールをし、私も地元のテレビ・ラジオの取材を受けた。日本は国家が人を殺す野蛮な国であり、そのような国の工業生産物を購入すること自体が恥であるとの観念がある。EUにおいては世界の死刑廃止を訴えることは、その会社のイメージを高めることにつながるのである。そういえば、日本でイタリアの服飾メーカーが死刑囚の顔を大写しし、シャツの宣伝に使ったことがあった。これについては賛否両論があり、私は頭から反対したものだ。

六月二十日にストラスブールに到着した。欧州評議会議事堂のあるストラスブールは、ドイツ国境と道路一つ隔てた場所に位置し、第二次世界大戦中の一九四〇年にヒトラーのドイツに占領されたこともある悲しい歴史をもつ古い街であり、アルザス地方の数百年前の歴史的建物とともに、現在は街全体が世界遺産となっている。ストラスブールが人権の首都と言われているのはそのような歴史故であろうか。

ところで「第一回死刑廃止世界会議」が開催されるに至った経緯を述べておく必要がある。この世界会議は、ミッシェル・トーブ氏が『死刑廃止についての米国人への公開書簡』という書籍を出版し、その著書のなかでアメリカの死刑制度の欠陥を洗い出し、死刑には犯罪抑止力がなく、取り返しがつかず、残忍で人間を貶めるものであり、今日の国際法においては違法であると説いた。

アメリカに対してこの本を書いたのは、アメリカが世界最大の国力を持ち、大量に死刑を行っている最後の民主主義国であるからだ。その世界的な死刑廃止への路を塞いでいるのはアメリカであるという点にある。同書はアメリカでベストセラーとなった。それを契機に同じテーマを掲げた市民運動を起こすことを決意し、同書の出版社社長と「死刑反対アンサンブル」を設立し、おおくの賛同者を得ることに成功した。その特色は、政治家や人権擁護団体、マスコミ、著名人のはばひろい参加に成功したことにある（以下ではＥＣＰＭと略称）。

目立ったこれまでの活動を挙げると、二〇〇〇年十月二十一日にアメリカの死刑に反対する欧州フォーラムをパリで開催し、合衆国大統領選挙のキャンペーン中にアメリカ国民に向けて死刑執行即時停止と廃止を求めて署名運動を開始し、四カ月で五十万人の署名を集め、二〇〇一年一月二十三日、在パリ米国大使館に署名を届ける。その機会にブッシュ大統領への公開書簡を発表した。一方で、死刑廃止の募金運動を展開し、二〇〇〇年に三十二万フランを集めた。その印税の大半をアメリカの死刑廃止運動に寄付している。

この第一回世界会議に先立って、欧州評議会は死刑廃止国際会議の基礎資料とするため、日本およびアメリカへ調査団を派遣した。日本へは同議会の法務・人権委員長であるガーナー・ヤンソン氏（フィンランド国会議員）が秘書と二人で、二〇〇一年二月二十～二十三日の日程で来日した。彼は前後六日間の日本滞在中に、元・無罪死刑囚の免田栄氏や確定死刑囚の家族、死刑担当弁護士、各政党政策審議会担当者、高村法務大臣や刑事局長などと精力的に接触した。

私も六月二十日の死刑確定囚の家族との会合に同席し、その夕方のWelcome Partyで、ヤンセン氏と懇談する機会を得た。彼の報告書が第一回世界会議の重要な資料となったのであるが、私にとって晴天の霹靂だったのは、同世界会議の初日二十一日の「死刑の地政学」（Geographical survey）のワークショップの議長をヤンセン氏が担当し、私を日本からの報告者として指名したことであった。のみならず二日目の二十二日午後に予定された「国際シンポジューム最終報告」において「死刑とアジア」と題してこれまでの議論を総括するための報告者に私が指名された。私にとっては生涯で最高の自分への名誉と思えた。おそらく、日本とアメリカの死刑が今回の会議の焦点であったため、日本の私がノミネートされたのであろう。

むろん私のノミネートは日本での準備段階から、大会事務局より通知されていた。正直言ってこの派遣団の準備に追われていた「フォーラム90」のなかでも運動方針の相違からか、私は何かにつけて異端視されていた。世界会議出席そのものは、国際会議にも多少は慣れている私にメンバーに加わって欲しいと進言されたし、私は自ら買って出ても出席するつもりではいたが、「フォーラム90」ないしは日本を代表してスピーチをして欲しいとまでは、誰ひとり考えていたとは思えない。正直言って「派遣団団長」という肩書きも、出発間際までだれも指名してくれなかった。しかし派遣団を結成し、全日程を消化する予定を立てていたのは、私と石川氏の二人だけであった。対外的に団長が必要でもあるのに指名がないので、仕方なく自ら団長になることを宣言したのだった。ところが準備中に大会事務局から私が報告者に指名されて、フォーラムの何人かが「なぜ?」とおどろきの表情をしたことを鮮明に覚えている。

スピーチ（要旨・原文は英語）は、次のとおりである。

第一に、日本政府は、死刑廃止が時期尚早であるとしている。その根拠には国民世論と被害者感情を挙げている。しかし国民世論が死刑存置の根拠とならないことは、国連規約人権委員会でも指摘している。また日本の最近の世論調査では、死刑に代えて終身刑などの代替刑を採用するなら、死刑にこだわらないとする意見は過半数を占めるにいたっている。国民世論を根拠とする政府の死刑存置理由は実態から離れている。

第二に、被害者感情から死刑廃止は許されないとの理由は、今日の死刑存置の唯一の根拠のようであるが、死刑の存置と被害者感情は別個の問題であり、対立的に考える問題ではない。死刑の存置が被害者の感情を癒せるものでないことは被害者自身が経験している。現にわれわれ派遣団の一員である原田正治氏は、殺人被害者遺族の一人として死刑に反対し、ここに出席している。

最後に日本で死刑の廃止できない特段の理由は、刑法典では内乱罪や外患誘致罪など、国家体制を変革させるような犯罪は、殺人でなくても死刑にできることになっている。この条項を削除することは、現実問題としてきわめて困難な日本特有の背景がある。しかし死刑執行のモラトリアムの実現は、近い将来において実現可能である。そのための方策として遠い将来の死刑廃止よりも、近未来の死刑廃止のための終身刑の採用を与党三党（自民、保守、公明）に呼びかけ検討中である。

ストラスブールでの著者のスピーチ

そして私は、第二回死刑廃止国際会議を開くならば、日本がそのホスト国となることを約束したい、と付け加えて第一回目のスピーチを終えた。その翌日、この国際会議の締めくくりとして私には、アジアにおける死刑廃止についてスピーチすることが求められていた。私は次のような発言をした。

世界では過半数が死刑を廃止しているが、アジアは例外である。論者によってはアジアで死刑廃止がすすまない理由を文化的・宗教的理由に求めるかもしれないが、死刑廃止は政治的問題であって、それらの理由にすること自体が政治的である。フィリピンでは、アキノ大統領がマルコス政権の後に死刑を廃止し、ラモス大統領が復活させ、エストラーダ大統領は死刑執行を確約した。中国では大量かつ恣意的に死刑が執行されている。政治的影響が顕著である。大量の死刑執行が中国の国家行事や記念日前に威嚇のためになされる。これは、まさに死刑が政治的なものであることを示している。

では、アジアではどうすべきなのか。われわれは一九九三年七月十日に東京で「死刑廃止アジアフォーラム」を開き、フィリピン、台湾、韓国、香港から代表者が出席した。三日間にわたる論議の末、「アジア死刑廃止東京宣言」を採択した。これを契機に韓国の「死刑廃止運動協議会」が発足した。同協議会は二〇〇一年六月に約九十名の国会議員の賛同を得て「死刑廃止法案」を国会に提出した。また台湾では二〇〇四年までに死刑執行を停止すると法務総裁が宣言している。

そのうえで私は、前日日本では、なぜ死刑が廃止されないかについて述べた。

私はアジアからの「死刑廃止」を強調したい。われわれは「殺人者には死刑を」との声が充満している社会に生きている。この社会において、即時無条件の死刑廃止を唱えることは論理的には正しいが、かえって反発を呼ぶことになる。そこで私は、終身刑の導入を提唱し、死刑判決を一つでも減らし、死刑執行を停止することで、現実的・機能的な死刑廃止を提唱する。アジアで死刑廃止が潮流となれば、世界の流れも確実なものとなる。ぜひ手を携えてともに活動したい。

第一回死刑廃止世界会議は、死刑の即時廃止をスローガンにしている。そのなかで死刑の代替刑について述べることは、若干焦点がずれていた。私はそれを承知でこのようなスピーチをした。それには私なりの思惑があった。というのは、この世界会議を主導したのは、すでに死刑を廃止している欧州諸国である。その欧州のストラスブールでなぜ「死刑廃止」なのか。その理由の一つは、日本とアメリカが世界の経済をリードする国であり、その二つの国が近代民主国家で唯一の死刑存置国だからである。これに対し経済的には遅れをとっている欧州は、死刑廃止を頂点とする人権においては国際社会をリードする国であることを示すことにある。

たまたま日本からは、かつて死刑囚であったが無罪となった免田氏も出席し、「三十四年獄中にいたが、二度と私のようなことが起きないよう、地球上から死刑をなくす運動を続けていく」と日本の死刑の残虐さについて、自らの体験を語って注目を集めた。欧州にすれば日本という近代産業国家が一面において、今なお首吊りによる死刑を定期的に執行している野蛮な国なのだ。私は帰国後、「日本は知っていた方がよい世界の潮流」(『週刊金曜日』)、「恥さらしに終わらせるな欧州ツアー」(「FORUM90」)を書いて報告した。

「恥さらし」の表現が適当かどうかは問題ではあるが、死刑のないことがあたり前になっている欧州の国々の優越感を満足させるための材料となった感がぬぐえない。出発前にネパール王室で殺傷事件が起きた。そのネパールはアジアで数少ない死刑廃止国なのだが、カースト制が残っているこの国のことを誰かが「ネパールという国はね」と軽蔑の言葉をはいた。日本はどうか。欧州から見れば死刑のある日本は「経済大国の、あの日本がね」との言葉になるのではないか、そんな想いでの報告であった。

三日間に及んだ世界会議の最終日に「死刑は正義に対する復讐の支配であり、人類と生命権への侵害である。われわれは、死刑判決を受けている者への執行をただちに停止し、全世界の死刑廃止を世界の市民に呼びかける」との宣言がなされ、私は、日本を代表してそれに署名する名誉に浴した。

第二回国際死刑廃止会議を提唱する

第二回国際会議の開催国に名乗りを上げることについては、日本を出発する前から安田氏が提唱していたものである。それを伝え聞いたＥＣＰＭ会長のトーブ氏からも日本開催に積極的であり、開催場所としては広島がよいとの具体的な話が伝えられていた。

この構想は、最終的には実現しなかったのであるが、このような状況のなかで開催の用意があることを公言し、会長のトーブ氏にその打診をしておくことが私の役割の一つでもあった。ちょうどストラスブールでの国際会議が終了した直後の六月二十六日の夜、パリへ戻り日本料理屋での打ち上げパーティーがパリ・アムネスティの招待で開かれた際、そのパーティーにトーブ氏が出席した。さっそく彼をつかまえ、この次期開催の申し込みについて公式に受け入れを発言したことを踏まえ、彼に確認することとした。トーブ氏は「結構な話であり、私も賛成だ。しかし最終的には多くの関係者と相談して決めたい」と述べ、印象としては賛同の雰囲気であった。このニュースはすぐに港合同事務所に伝えられた。

六月二十五日、欧州評議会は、先週までの三日間におよぶ死刑廃止世界大会の後を受けて、「法および人権委員会」が欧州評議会オブザーバー国の死刑廃止を主題として数時間にわたり大会議場で議論された。言うまでもなく、その対象は日本およびアメリカに対してである。議長は最初に、日本の死刑について知りたい者は、日本を訪問して調査報告書を提出したヤンソン氏の報告書を読んでほしいと特別の発言をした。ここで参議院議員の福島瑞穂氏が日本の死刑の現状について報告した。

かくして、最後にリヒテンシュタインのレナーテ・ボールベント国会議員が「日本とアメリカに死刑廃止を求める報告書」を提出し、両国に、①死刑執行の即時凍結、②長期的には死刑廃止を求め、二〇〇三年一月一日までに改善がない場合は、オブザーバー国の資格を停止する検討をする、との最後通告が決議され多数の挙手で電光板に賛成の数字が示された。その歴史的瞬間を傍聴席で見ることができ感無量であった。在フランス日本外交筋は、「日本が外交的に最重要視する米中ともども『欧州の敵』と認定されることは避けたい」との苦しい立場を打ち明けた（七月一日付、共同通信）。

ちなみに欧州評議会では、一九八五年に欧州人権条約死刑廃止議定書を発効し、ロシアを含む四十二カ国のすべての加盟国が死刑を廃止または停止している。

ボンでの市民集会の後、アムネスティの石川氏と私、通訳を引き受けてくれた志村氏だけが残り、他の人は日本への帰路についた。私は同二十八日、ボン大学法学部で石川氏の司会、志村氏の通訳で日本の死刑について講演した。

ボン市は私が一九六四年六月にアメリカ留学の帰路に立ち寄ってから、三十七年ぶりの訪問である。当時のカリフォルニア大学犯罪学部での同僚で、バークレイのキャンパスで寝起きをともにしたドイツの友人・ホッフマイスター・ゲハルト氏の母親がボンに住んでいたので（当時、彼はまだアメリカにいた)、その母親の住居に宿泊した。ところが今では、彼の所在が不明になっている。できれば探し当てて会いたいと以前から思っていた。そこで講演の冒頭でその話をし、探して欲しいというのが最初の挨拶となった。

それにしてもボン大学法学部といえば日本の多くの刑法学者が留学し、ドイツでも著名な大学である。そこで私が講演できることを光栄に思った。その仲介役をしてくれたのが志村恵氏(金沢大学助教授)である。講演の後の質問で学生から「日本では天皇が死刑廃止を言えばすぐに廃止できるのではないか」という質問もあり、説明するのに困惑した。

六月三十日、石川氏と二人だけの帰国である。頭の中は第二回世界会議をどう実現させるか、準備金はどうするかで、いっぱいであった。しかし目的は大会を開くことであり、金は後からついてくる。集まった金の範囲内でやればよい。現にストラスブールでは三千五百万円かかったというが、われわれもすべて自己負担で出かけた。招待しても金を出す必要はない、通訳も負担してもらう、しかし入場料はとる。ともかく実現することだ。死刑廃止論者でもある創価学会の池田大作に会うことも視野に入れておこう。そんな想いでの帰国であった。

七月五日に、フォーラムが慰労会を開いてくれた。二〇〇三年に日本(広島)で第二回世界会議を開く可能性が出てきた。この慰労会には二十人ばかりが出席したが、ほとんどの時間を安田氏と話した。私の問題意識は「とくに韓国は欧州評議会へのオブザーバー参加を希望している。韓国憲法調査会の局長も今回の評議会を訪問し、加盟について話したようだ。その評議会はオブザーバー国に対しても死刑廃止を条件にしている。その条件を満たすためにも韓国は死刑廃止を急ぐかも知れない」であった。

安田氏は私の欧州会議での印象をいち早く感じとり、第二回大会を韓国を抱き込むことで、欧州会議での見返りをどう具体化するかについて意見が一致した。彼によると、アジアにおいて死刑廃止を先導するには、この会議を日本で開くことができれば大きな圧力となる。その際、ノーベル平和賞を受理し、自ら死刑囚となったことのある死刑廃止論者・金大中氏を招き、国際会議場を設定すればよい。とりわけアジアにおいて平和・死刑廃止をリードできる政治家は金大中氏以外にいないではないか。金大中に会うことにしよう。それにはわれわれが韓国へ出かける必要がある。池田大作氏もいいが、それよりも金大中氏だとは、私の到底想定できない構想を持ち出されあっけにとられるとともに、彼に共鳴した。

韓国の「死刑廃止運動協議会」会長の李相三弁護士とは長い親交がある。私は、さっそく、李氏に今回の大会の状況とともに、こちらの要望をFAXした。ついては、今回の世界会議の状況説明のため訪韓したい、二〇〇三年に世界会議が日本で開かれる可能性（広島）があるので、死刑廃止についてアジアをリードする金大統領に状況を説明するため、その接見の機会を持てるよう交渉して欲しい、というものであった。

これに対し、李会長からは「趣旨はよく分かったが、金氏は大統領就任後三年が過ぎている。過日KTBの関係者と金氏に会ったときに、死刑について話した。そのとき彼は『個人的には死刑反対であるが、今それを公言することは政治的に許されない』と語った。そこで八月二十日ごろに安田、菊田両氏が韓国に来てほしい。そのとき台湾からも参加してもらって、第二回世界会議の準備会を開き、三カ国が連名で金氏に建議書を提出することにしよう」ということであった。

死刑廃止の流れの焦点は、日本とアメリカにある。今回の死刑世界会議では、欧州評議会のオブザーバー五カ国（メキシコ、アメリカ、カナダ、バチカンと日本）のうち、日本とアメリカだけが死刑を存置している。そのため欧州評議会では二〇〇三年一月一日までにこの両国が死刑廃止への何らかのモラトリアムを実行に移さなければ、オブザーバー国の資格剝奪について検討するとの勧告を出した。

しかしアメリカは世界最大の国であり、問題がありすぎる。おそらくアメリカの死刑廃止は、世界最後になる可能性がある。日本はそうではない。日本が廃止すればアメリカに影響を与えるだけではなく、アジアにおける影響がもっとも大きい。その日本の死刑廃止も、実のところは逆に隣国の韓国と台湾の圧力に頼る状況にある。台湾は中国に対し人権においては優位であることを世界に示すため、死刑執行停止を二〇〇四年までに実現すると法務総裁が宣言していた。韓国も欧州評議会のオブザーバー国に加入することを希望し、今回の死刑廃止世界会議には政府関係者を派遣したとの報告もある。台湾と韓国が死刑廃止に関しては、事実上日本より先行している。その両国と協調することが必要なのである。

私はすぐに、一九八三年に第一回アジア死刑廃止会議を東京で開いたときいらい親交のある台湾アムネスティのある女性に、ソウルでの三カ国会議に出席してくれるよう連絡した。彼女も了解してくれた。

韓国では金大統領の就任いらい、三年間にわたり死刑執行がない。二〇〇〇年には廃案とはなったが、死刑廃止法案も提出され、その後も私は数回にわたり終身刑についての報告やアメリカの死刑状況について講演している。韓国からの明大大学院への留学生であった教え子であり、学位の審査もした朴秉植君（東国大学教授・法学博士）は、現在では韓国の有数の死刑廃止運動家としてカトリック協議会の重鎮である。これも偶然とは思えない、運命的なものを感じる。この数年で日本の死刑は動く。そんな心の高まりのなかで、七月九日に死刑判決がでた。死刑と無期には天と地の差がある。終身刑の必要はいまや、国民の声である。裁判官でさえ控訴を希望して、死刑を言い渡すケースも報じられた。「この激動のなかに現に生きることができ、そして死刑を動かすことができる状況に現にいることを天に向かって感謝する」（七月十六日）と日記に記した。

二〇〇一年八月二十七日、ソウルのロッテホテルで世界死刑会議準備会との名目で安田、菊田のほか、数名の国会議員が日本から参加した。ところが当日になって、その前の週にアメリカ・ワシントンで開かれた死刑廃止集会に出席し、帰国したばかりの田鎖弁護士も韓国へ同行したのだが、ミッシェル・トーブ氏とワシントンで会って聞いたところ、第二回世界会議はワシントンで開くことに決定されたことを知らされたという。まさに晴天の霹靂であった。

確約したわけではないが、フランスではもともとトーブ氏自身が提案した東京での開催予定を、何の事前の連絡もなくワシントンに決定したこと、その後も決定の経過に関して、彼からは何の連絡も正式に届かなかった。頻繁に私宛てにもEメールを送ってくるなかでのことである。

ソウルでの準備会は急遽変更となり、この機会に第一回死刑廃止アジア会議（一九九三年七月）で約束しながら実現しなかった第二回アジア死刑廃止会議を、二〇〇一年十一月にソウルで開催することにしようとの話となった。そのための開催合意に日本代表として菊田、安田が署名した。

第二回アジア死刑廃止会議

　第二回アジア死刑廃止会議は、二〇〇一年十一月十・十一日の両日、ソウル・ロッテホテルを中心会場として開かれた。合意してから四カ月後の開催である。なぜそんなに急いだのか。実は韓国では十二月にも、死刑廃止法案が国会に提出されることが予定されていた。そのためにアジア・フォーラムを開き、圧力をかけようという事情があったのである。

　私は、韓国国会議員会館で開かれた総会において、他のアジア諸国の代表者とともに「日本における死刑状況――国際的視野からみて」と題してスピーチした。しかし、その実は「日本の死刑」については、先の世界会議で配布した印刷物を配布していたので、あえて詳細を語ることを避けた。そのことは日本からの参加者からは必ずしも賛同を得るものではなかった。

（一）冒頭でブッシュ大統領は「（九・一一をうけて）新しい戦争である」と言ったが、テロは犯罪であり、戦争の対象ではない。犯罪であるテロをこの世から絶滅させることは不可能である。むしろ近代化とともに新しい犯罪が生まれる。ブッシュ大統領はアフガンへの武力攻撃を雄弁に語り続けているが、この感情は、凶悪犯の加害者に対し、被害者が八つ裂きにしたいと叫ぶのと同じで「目には目を」のテキサス精神むき出しである。なぜアメリカがテロの対象になったかにこそ思いをいたさなくてはならない。仮にビンラディン氏を捕獲しても、死刑のあるアメリカへの身柄引き渡しを拒否できるのが国際法の認めるところである。

（二）次に死刑廃止国際会議に関し述べた。最初にそのワークショップ（終身刑受刑者の処遇について）に出席した際、フランスで第二次世界大戦以前から死刑廃止運動に携わってきた老弁護士ら数人の対話に接し、深く感銘したことを話した。その対話は、「フランスにあっても戦前における死刑廃止運動をするのは少数の者であり、私たちは過激な運動家として異端視扱いを受け、ほそぼそと運動を続けてきた。しかし死刑をなくした現在では、多数の市民の前でこうして堂々と死刑の悪を語ることができる。ところで、今もなぜ死刑の悪について語り続けなければならないのか。それは、死刑はいったん廃止しても復活する危険性がつねにつきまとっているからだ。そのため日常的に死刑復活阻止のため努めなくてはならない。それは戦争も同じで死刑や戦争は国家権力を握った者が、つねに復活させる危険性がある」という趣旨であった。

（三）最後に、アジアの国々が力を合わせ死刑を廃止することが、戦争のできない状況を作り出し、人権においてアメリカに優位に立つことの第一歩である、と述べた。日本の明治時代の美術界のリーダーであった岡倉天心は、かつて「アジアは一つ」と言った。この発想は、イギリスのウィンストン・チャーチルが「ヨーロッパは一つである」と提唱し、こんにちの欧州評議会ができたのと同じ理念である。今や韓国が先導して、人権問題の最先端である死刑をなくすことは「アジアは一つ」に通じる突破口を作るものである。今回の法案が仮に継続審議となっても、法案が国会に提出されただけで韓国の人権意識の高さが世界に伝わるものとなる。今回の法案提出のこの時期に「死刑廃止アジア・フォーラム」が開かれたことは、まことに意義があります。これを契機に、このフォーラムがアジアからの死刑廃止の起爆剤となること、それは同時にアジアにおける人権の闘いのスタートでもあると確信します。その歴史的イベントに参加できたことを私個人としても感謝いたします。

翌十一日は、（旧）西大門拘置所でかつての日本の植民地支配下において抗戦した思想犯を処刑した博物館を見学し、フォーラムを代表し線香を捧げた。その後は安田氏や元死刑囚の免田栄氏らとともに街頭デモの先頭に立ってソウル市内を行進した。

韓国の死刑廃止法案

韓国の死刑廃止法案ができるまでに、私は李弁護士の招待や、韓国カトリック協議会の招待などで数回にわたり訪韓している。その目的は死刑廃止法案の作成に協力することにあった。李会長のもとで作られた草案には、私の意見を入れ死刑廃止の代替刑として仮釈放のない終身刑採用を取り入れていた。ところが現実にできあがった「死刑廃止に関する特別法案」では、「服役後十五年を経過すれば仮釈放、一般赦免、特別赦免、減刑ができる」というものになっていた。私はこの法案を見て、韓国での死刑廃止法案は通過しないと直感した。

韓国においても、日本に勝る悪質な凶悪犯罪が多発している。被害者感情と死刑存置の意見は多数を占める。そうした状況のなかでこうした、いわば甘い法案が通過するはずがない。李会長の私案がこのように修正されたのは、カトリック協議会の意見によるようである。その意見は、宗教的見地から生涯にわたって刑務所から出ることのできない終身刑は死刑より残虐であり、採用できないというものだ。この問題に関しては、日本でも議論がある。現に死刑がある国において、せめて死から解放させる終身刑をまず代替刑として採用し、死刑廃止後において終身刑の緩和策を講ずる段階的措置を多くの死刑廃止先進国はとっている。

アジア大会が終了した夜、明大大学院での同輩であり、韓国外国語大学で刑法教授を長年やり現在は名誉教授となっている成時鐸氏と会い、十年ぶりに語りあった。彼は同大学の学長に推薦されながら頑固にそれを拒み、学者としての生活を貫いた人物である。私が「韓国の良心である」と思っている人物である。彼はこの法案は通らないと断定し、仮に通過しても次の政府が死刑を復活させる短命なものに終わるだろうという。私もその意見に同調せざるを得なかった。

第四章　死刑廃止を政治日程に上げる

議員連盟の死刑廃止法案

二〇〇一年の十一月、それまで竹村泰子参議院議員が死刑廃止議員連盟の会長であったが、後任に自民党の大物とされる亀井静香氏が就任した。野党が中心であった議連の会長に亀井氏が就任したことで、死刑廃止運動がニュースとなる機会が増えた。

そうしたなかで、議員連盟の死刑廃止法案の骨子が発表となった。この法案が朝日新聞の三月十六日の朝刊に掲載されたのを見て、私はただちに議連の事務局である保坂展人事務所に私の参考意見をFAXした。私は議連の骨子は新聞発表までに知っていたが、公表されるまでは漏らさないようにと注意されていたからである。そのときの私の意見は次の通りである（要旨）。

議連の死刑廃止法案は、死刑の代替刑として重無期刑（終身刑）を創設するものであり、きわめて明快ではあるが、実現可能性については疑問がある。

第一に、法務省の法制審議会刑事法部会では死刑存置を決定しており、その審議会の決定を超えて刑法上からも死刑を廃止することは、法務省の強力な抵抗を覚悟しなければならない。議員立法は何らこれらに拘束されるものではないが、法務省と密接な論議なくして法案を通過させることは考えにくい。

第二に、地下鉄サリン事件いらい、こんにちでは被害者側にたった死刑存置の国民感情が充満している。この時期に死刑廃止を大上段に構えた法案が通過する可能性はほとんどない。それには法律上の死刑は存置したまま「限りなく死刑に近い終身刑」をまず実現することが必要である。その限りで議連の提示する仮釈放のない「重無期懲役」（終身刑）に賛同する。

第三に、しかし私案の第一としては、終身刑を採用し、同時に「死刑執行停止」を並行して論議することである。その間死刑判決のでる可能性はあるが、死刑判決が減少することは間違いない（アメリカで経験済み）。

私案の第二は、終身刑を採用し、刑法典から死刑を削除するにしても、外患、内乱罪等の死刑は存置しておき、いわゆる自然犯（殺人や強盗など）についてのみ死刑を削除する。この案からすれば、必ずしも死刑執行停止を同時に並行しなくとも賛同を得られる可能性があるし、議員連案の一部修正で間に合う。なお国連の死刑廃止条約でも戦時下の死刑条項削除は必要要件ではないことの妥協が図られている。

これに対し、保坂事務所からは、「本日（三月二十日）に開かれた議連第一回会議において参加議員（浜四津、金田、木島、保坂、山花、大島、福島秘書）および衆議院法制局にペーパーを配布した」との連絡があり、「法案が検討されているようにメディアには流れていますが、議連ではまだまだ議論の余地を大いに残しています」と付加されていた。この私の文書は、すぐにフォーラムの関係者にも流れた。

港合同法律事務所は安田弁護士の事務所であり、そこの事務員である高田章子さんは、われわれフォーラムの事務処理だけでなく、会議の先導や議連との折衝など一手に引き受けてくれている女性である。フォーラムの実質的な裏方であることは誰しも認めるし、日ごろから多くの死刑廃止運動関係者が世話になり、私自身もどれだけ感謝しているか言葉では表せない。当然ながら彼女は仕事ができるだけに気も強く、これまでにもどれだけ意見の対立があったか思い出したくないのが正直なところである。しかし死刑廃止という一つの目標をもってお互いに頑張ってきた。

その彼女から、「やっと議員連が法案を作った今、それをぶち壊す行動は許せない。菊さんは（彼女は私のことをそう呼んでいてくれる）死刑廃止運動を邪魔するのか」との趣旨のＥメールが送られてきた。私は返信した。

私はフォーラムの会議で議連案についても議論はしたが、その議論を踏まえたものではなく、新聞に報道された記事をもとにその限度で私見を述べたものであり、保坂事務所からの返答にもあったように、今は議連案をもとに議論することが大事なのであって、法案の批判を許さないとの態度には承服できない。

彼女からのメールには「お手やわらかに」と返事した。ところが彼女からは、おり返し、「お手柔かにするつもりはありません」とし、「前回の会議にも出ていて、なぜこんなことをするのか、ますます疑問なわけですよ。こういうことをさらっとなさるから、正直信用できなくなるのです。それにしても、とんでもないときに、とんでもないことをしてくださった。怒りがおさまりません。少なくとも菊さんは議員じゃないんだから、余計な口を出さないで」との返事だった。

もう一人の男性で、末広哲という青年がいる。彼は、監獄人権センターの中心人物でもあり、死刑に関するニュース速報など丹念に伝えてくれ、日ごろから感謝している。フォーラムのなかでも理論派で通っている好青年である。その彼からも、次のような抗議の書面が寄せられた（要旨）。

彼の私見では、私の議連への意見は、①軽率、②議連を混乱させる、③フォーラムを混乱させるものだ、という。そこで私の文書を撤回、釈明して欲しい、と言ってきた。軽率であるとの点については、フォーラムでも議連案には異論があるが、当面その支持をどのような形にしていけばいいか、検討していこうということであった。それを独断で文書を出した。

②の議連を混乱させるという点については、死刑廃止運動内部には終身刑創設に対する異論をどう議連に伝えるかが問題であるにもかかわらず、その対極である「死刑廃止をしないで終身刑創設」などをフォーラムにいる菊田が言うことで混乱させる。

③のフォーラムを混乱させるという点については、議連の法案に対し、フォーラムの内部を説得させるに必要なのは、「終身刑」をいかに目立たせないで、死刑廃止を前面化させるかである。要するに浜四津案に流れずに、いかに「死刑廃止法案」の死刑廃止の部分を目立たせるかである。「死刑廃止法案」を支持することが「浜四津私案」支持に転化する可能性があることが分かってしまったなら、死刑廃止運動内部は四分五裂してしまう。

末広氏の私への批判の背景には、死刑廃止運動家の根本的な問題がある。この点については、後でじっくり論じることにする。同氏に対し私は、次のように返答した（要旨）。

現時点では軽率とも混乱させるとも思っていないので撤回も釈明もしない。理由の第一は、議連の法案には基本的には賛同し、それを成功させるために修正意見を述べたというのが私の認識であり、その意味でフォーラムの会議に参加していたときの検討（フォーラムとしてどう支持するか）を尊重しての意見である。

第二に「死刑廃止なしで終身刑」とはどこにも書いていない。「終身刑を採用し死刑執行停止」がわたくしの年来の主張である。しかも第二案として、終身刑を採用し、刑法典から死刑を削除する場合を提示し、議連案の一部修正を述べたものである。したがって、議連およびフォーラムを混乱させるとの認識はない。要するに私は、朝日新聞掲載の記事（三月十六日夕刊）を読み、議連の意見も統一されていないことを知ったので議連案が具体的に実現することを願って私見を述べたまでである。

この私の回答に対し、末広氏は、「はやとちりしていた」ことなどを含めた、詫び状ととれる返事が来て少し救われる思いがした。このことがあって数日後の三月二十六日は、私の大学の卒業式である。ところがフォーラムでは恒例の「花見会」を港合同法律事務所近くの公園で開くことになっていた。

私はことの善悪は別にして、悶々とした心境をいつまでも持ち続けることのできない性格である。一日でも早く直接会ってお互いの心のわだかまりを話さなければ、Eメールですませられる性格ではない。卒業式への出席が強制的でないのをいいことに、朝から花見用の握りずしを作ることにした。

この握りずしは、好評のうちにたちまちのうちになくなってしまい、高田嬢が来たときには一個も残っていなかった。しかも彼女は今回の件で私と顔をあわせないようにしているのか対面側で誰かと話している。気まずい空気であった。

日弁連で死刑検討委員会の責任者をしている小川原優之弁護士とだけは話がはずんだ（彼が私の終身刑案を重く見て、のちに日弁連の終身刑導入の宣言となった）。彼は今回の議連の法案について「菊田先生の意見のとおりだ」と言う。「戦術が違うんだ」と言いたいところだったが、フォーラムの中でいかに自分が浮いているかと、愚痴を語った。

そのうちに酒もまわり、高田嬢もいつの間にか話に参加し、菊田製の「にぎり」が好評であったことが話題になり、聡明な彼女は菊田の心情を察したのであろう、いつもの彼女に戻っていた。私は内心ホッとして「にぎり」をもってきたことがよかったと思い、救われた気持ちになった。

ところで亀井静香は、議連の関係者に対して、死刑廃止への道筋について三つの骨子を披露している。第一は、終身刑を創設する。第二は、その論議の間は死刑執行を少なくとも三年間は停止する。第三に、犯罪被害者補償の金額を引き上げる。

この亀井案は、死刑廃止を遠くない時期に実現するため、その前提としてこれらを実現させようとするものであって、老練な政治家にふさわしい提案である。第一の終身刑創設は、死刑の代替刑として世論の過半数が賛成している。ただし、どのような終身刑かは不明であるが、それは法案の中で論議すればよいことだ。第二の死刑執行停止は、単なる死刑執行停止法の場合は、憲法違反との見解が一部にある。

ところが死刑執行停止を時限立法として三年間に限り暫定的に成立させるならば、理論上も問題とならない。そして第三に、こうした事実上の死刑執行停止は被害者感情から言っても反発が出るから、被害者補償の引き上げも実現させる。いうならば、多方面に配慮した実現可能な案である。死刑廃止を前面に出さないという意味では浜四津案に近い。

亀井氏は、この案であれば自民党の多くの人を説得し、法案可決にもっていけると語ったと伝えられる。これが議員連盟の法案とどのように折衷されるかは現段階では不明である。しかし、議連の法案自体は、発表の段階では、単なる素材であると公言しているのであるから、今後の議論で決着できるであろう。

死刑廃止議連の会長を務めた亀井静香氏

問題は、むしろ市民運動の中核にある「死刑廃止フォーラム」にある。「死刑廃止フォーラム」の多数の考えは、さきに述べた末広氏の「終身刑をいかに目立たせないで死刑廃止を前面に出すか」にあるようである。これは議連案に対して述べられたものであるが、議連案が死刑廃止を前面に出しながらも「終身刑」を導入しているのに対し、フォーラムでは、そもそも終身刑そのものの導入に消極的なのである。

死刑廃止フォーラムの存在が、日本の死刑廃止運動の事実上の牽引役を担ってきたことは、だれしも認めるところである。そのフォーラムの中心的役割を担う者は、じつは多様であって、それぞれの立場から行動している。それゆえに「フォーラム」

なのである。それらを考慮しても、フォーラムのスローガンは、死刑即時廃止運動である。同時に非人道的刑罰の改善にある。

むろん私も、このフォーラムのスローガンのもとに十年以上にわたって、ともに市民運動をしてきた。問題はその目的達成にいたるプロセスの選択を、どうするかにある。たとえば死刑代替刑としての終身刑導入に関しては、当初はかなりの抵抗があった。しかし時間をかけ論議をつくし、終身刑導入にも積極的には反対しない共通の認識は大方で出来上がっていると私は判断している。その点で、さきの末広氏の、「目立たない終身刑」の導入という表現はまさに現状を表現している。問題なのは、死刑廃止を掲げない終身刑導入はフォーラムの共通認識では出てこないということである。フォーラムが議連の法案を支持したのは当然である。しかし私はこの点に関し、共同歩調をとることはできない。それ故に議連案に私案を提示し、それに対しフォーラムからは批判が浴びせられたのである。

しかし何度も繰り返すが、フォーラムも一枚岩ではない。即時死刑廃止を掲げない法案のすべてを頭から拒否することで何が得られるかに、死刑廃止の実現という、願ってもないこの時期に冷静に行動して欲しいと思った。フォーラムのこれまでの運動の筋を通すことを優先し、法案通過を反故にするのか、現実的な第一の成果を勝ち取り、回り道してでも、近い将来において死刑廃止を事実上のものとして手に入れるかの、今やその岐路に立っていたのである。

この時点で私が提案したかったのは、近い将来の死刑廃止に向けて、ただちに終身刑法案の検討に着手し、その間は死刑執行を時限立法で停止することである。つまり亀井、浜四津案に類似している。

フォーラムはこの提案に反対するだろう。議連案を私が批判したとき、「死刑廃止運動を邪魔するのか」と言われた。しかし私は、ここであえて言いたい。これまで死刑廃止運動をしてきて、千載一遇のチャンスにあって、フォーラムは死刑廃止への一歩を踏み出す亀井、浜四津案に反対するのかと。フォーラムの個々人には、それなりの死刑廃止への想いと動機がある。

廃止法案にどう向かい合うか

二〇〇二年九月二十一日から、恒例の「死刑廃止合宿」が東京で開かれる。ここでは死刑廃止法案をめぐる諸問題にどう対処するかが焦点になるという。私はこの時期の一カ月は恒例のNY滞在を予定している。そのため出席できない。しかし、この合宿でそのような方向に議論がすすめられようと、私の意見をそれまでに明らかにし、自らの立場から法案の行方に責任を果たしておかなければならない。私は、次のような報告をメールを通じて多くのNPOの仲間に伝達した。

(1) 東京で「死刑廃止合宿」が開かれますが、私は恒例の日程で九月は日本にいません。議連による死刑廃止法案をはじめ、大事な動きにどう対処するかの議論が予定されている今回の合宿にはぜひ出席したいところですが、やむを得ません。せめて私見を述べさせていただき、みなさんの議論の参考にしていただければ幸いです。

まず最初に申し上げておきたいことは、改めて言うまでもなく、われわれNPOは長年にわたり死刑廃止の実現を共通の目標として辛苦をともにしてきました。東京フォーラムが立ち上がってからでも十年以上たちます。当初は死刑執行に抗議し、死刑廃止を標榜することで精一杯でした。それだけ死刑廃止の実現は今から思うと遠い存在であったのかも知れません。その頃は各人の思惑が異なっていても、共通の目標である死刑廃止の旗印のもとに一致できたのでしょう。しかし今日では、死刑廃止へどのような手段を具体的に選択するかを迫られる状況にあります。いうまでもなく死刑廃止がそれだけ現実の問題として近くに来ているという証拠です。ようやくここまで来たかの想いです。

それだけに、われわれとしては、これまでの辛苦の成果をここで実りあるものとして着実に手に入れるにはどうするかを、真剣に考えなければならない時期にあります。ここにきて、いろんな意見が出ることは当然です。ここで、われわれのなかに「異見」を出させない雰囲気が仮にあるなら、それこそ何がNPOかが問われるでしょう。どう死刑廃止を実現するかは日本社会全体の課題であって、われわれ市民運動家だけのものでないことは言うまでもありません。そのような前提のもとに自由闊達な議論をし、さらに議論に終始するだけでなく、具体的に着実な一歩を踏み出さなければならないのです。まさに、われわれNPOの真価が問われている時期だと思います。

（2）具体的な論議の素材として、私が現時点で知り得ている限りでの情報を整理しますと、①議員連盟の死刑廃止法案、②浜四津案、③亀井案の三つの素材にどう対処するかが当面の課題になると思います。周知のように議連案は、死刑廃止を明記しています。ただし事務局の話では、これは新聞報道と異なり最終的なものではないと言っています（金田代議士も私にそう言っていた）。浜四津案と亀井案は、死刑廃止を明記していない点で共通しています。

われわれの中で問題にしている第一の課題は、死刑廃止を明記するか否かです。死刑廃止を明記しない法案は、死刑廃止運動にとって論外であるとの意見が強力に出ていることは承知しています。私もその点では「理論的」に人後に落ちないことを明確にしておきます。しかし、その法案が通過するか否かの判断となると、結論から言えば否定的です。法案を出すことに意味があるという意見に、私はくみできません。かつて羽仁五郎らが提出し廃案となった轍を踏むわけにいかないのです。そこで同じ死刑廃止法案でも、その死刑廃止を刑法上のすべての条項から削除するのか、あるいは自然犯（殺人や強盗など）だけに限定するのかで、かなり異なってきます。国連の死刑廃止条約が戦時の死刑を除外していることの類推解釈から、このような条件付廃止も死刑廃止条約に抵触しない可能性があります。このような修正論議となれば問題は別になりますが、ここでは細かくなるので省略します。結論からいって現時点での死刑廃止法案が通過できると考えることは、いかにも楽観的にすぎます。

そこで現時点では、「死刑廃止に向けて」、どう一歩を進めるかに焦点を置くべきではないでしょうか。大道寺死刑囚が、「近未来の死刑廃止よりも、明日の執行がない保証を実現して欲しい」と言った言葉を大事にしたいのです。その一歩が死刑の代替刑としての終身刑の採用を推進することであり、死刑執行停止の問題です。終身刑の問題に関しては、フォーラムのなかでも長年論議してきました。そして大方は、この推進に少なくとも反対はしないとの同意が得られているものと、私は判断しています。むろん、どのような終身刑であるかは具体的には論議があるところです。

それでも、いぜんとして終身刑の採用は、刑の重罰化に加担するものであるとの根強い主張があります。私は個人的には「死刑に限りなく近い終身刑」を主張し、そのことで死刑判決がおのずから減少することをアメリカの経験を紹介し主張してきましたが、ここでは、その問題をさらに論ずる余裕がありません。ただし、ここに至っては、「死刑廃止に向けて終身刑採用」の法案では、理屈はともあれ重刑罰化の批判に耐えることは困難であると考えなくてはならないと思います。そこで少なくとも「死刑の執行停止」を同時に進行させる方策が必要だと思うようになりました。

ところでフォーラムのニュース（67号）には「死刑執行停止法案要綱」が出ています。わけても、死刑執行停止会議が以前から提示してきた案が元になっていることを歓迎します。この法案については憲法上の問題もあるようですが、時限立法であれば問題にならないことも指摘されています。停止会議の案では、①死刑廃止を目途とし、五年間死刑執行を差し止める、②国会は五年以内に死刑廃止に伴う法令の改正を用意すること、③刑訴法四七五条ないし四七九条は、その期間効力を停止する、というものでした。ここでの「死刑廃止に伴う」の意味は、即時死刑廃止という意味にもとれますが、①「死刑廃止を目途として」との関連では、「死刑廃止の前段階として、たとえば終身刑採用に伴う法令の改正」というように解釈することも可能です。そのような意味で、停止会議の案を踏まえて、今日主張されている終身刑採用を置き換えると、①は同じ、②は国会が五年以内に終身刑採用の法案を審議すること、③も同じ、ということになります。もう一度確認するならば、終身刑採用を審議する間は、時限立法で死刑執行を停止する、との枠を前提とするなら、これに反対することは少なくなるのではないかと思うのです。

こうした状況から判断すると、大枠においては、浜四津、亀井案をこの際どのようにして具体化するかを真剣に論議するのが筋だというところに至ると思いますが、いかがでしょうか。

この書面を可能なかぎり、多くのフォーラムの仲間に発信した。その反応がどうか、毎日Eメールを気にしていたが、だれからも返信がなかった。仕方なく夏の合宿を準備している幹事の江頭純二さんに「お世話になっています。過日、合宿に向けての参考意見を発信しました。貴兄とは若干の意見の相違がありましょうが、大きな目的に向かっては同志です。ところで面倒かけますが、合宿の当日このコピーを資料として配布いただければ幸いです」と依頼した。

当日のうちに江頭氏から返信があった。「ご丁寧なご依頼の件、恐縮しています。昨日（三十日・金）合宿へ向けての会議を持ちました。そこで配布資料の検討もしました。昨日集まった人にも菊田先生の『ご意見』を配布しました。そして合宿当日の配布資料とすること、みんなの総意です。意見の違いを理由に『資料としても配布しない＝抹殺する』という考えは、死刑廃止を願っている私たちの中にはあり得ません。どうぞご心配なさらないで下さい」。

死刑廃止運動は健在である。私の悪い思い過ごしであった。このところ、いろんなことがありすぎた。少し被害妄想気味だ。死刑廃止運動の仲間たちも私の率直な意見に耳を傾けてくれている。いや反対であろうと資料を配布し議論してくれるだけでいい。私の考えが少数意見であっても、それは仕方ない。私なりにそれを元に次の戦略を考え尽くすのみだ。決して後には下がらない、そんな想いで気持ちよくＮＹへ出発することができた。

朝日新聞における論戦

ところで、思えばこの時期の数カ月内だけでも、朝日新聞は重要な役割を果たしてきた。去る五月二十七日付の朝日新聞で、われわれとともに死刑廃止運動をしている大島玲子衆議院議員が「死刑廃止しなければ人権後進国」と「私の視点」で述べたことに対し、近宗干城氏（元筑波大教授）が「命でしか償えない罪も」（同七月二十日付）で死刑存置論を述べた。私は、早速これに反論し「命で罪を償えるものなのか」を投稿し、それが掲載された（同八月六日付）。

近宗氏の主張は、①国家は正義の遂行者でなくてはならないから、殺人者には被害者の慰霊を果たすに足る死刑が必要である、②他人の人権を侵害した者は、その侵害が重要な場合は生存権も制限の例外ではない、③他人を殺害した者は、命をもってしか罪を償う方法がない、④軍事力を持つことができる国家のみが殺人を許される、というものである。

このような死刑存置論を、放置しておくわけにいかない。私はこの四点のそれぞれに反論し、終身刑の採用と死刑執行停止の早期実現を述べた。朝日新聞の企画報道部の「私の視点」を担当している磯洋介氏の依頼で、日本の死刑廃止の状況についての取材をうけることになった。持ちきれないほどの資料を手に、有楽町のマリオン内にある朝日新聞談話室で彼と会った。死刑について、これまでの「私の視点」の総括を執筆するのだという。これは願ってもないことである。

というのも、議連案、浜四津案、亀井案が出て、これをもとに日弁連に加えて有力新聞社の論説委員等の意見を聞く段階に入っていると考えていたからである。幅ひろい識者の意見を聞き、国会通過が可能な法案づくりをする必要がある。そのためには新聞が死刑に関心をもってもらうことが賢明であるからである。

磯氏には内外の状況や法案の内容について二時間にわたって説明した。八月二十八日の朝日新聞朝刊には、「私の視点・その後」として日本の死刑制度存廃論が特集された。私の言葉としては「経済や軍事力で優位な日米に対し、欧州には人権や環境問題を外交交渉力にしたいという政治的意図はあるものの、死刑廃止はもはや世界の流れだ」と断言した、だけであったが、うれしかった。

というのは、大きな活字で「欧州中心に『廃止の潮流』」と見出しがあり、「浮上する執行停止制度」として議連や日弁連がいかにこれに取り組んでいるかを伝えていたからである。存廃論とはいえ内容はまさに死刑廃止への道筋を提示している。これまでにも朝日新聞は間断なく死刑について、その廃止への方向付けを伝えていた。ここにおいて、このような特集を組み、世論に知らせてくれることは、まさに死刑問題が身近な具体的課題としてそこまで来ていることを物語っている。日本全体が死刑問題へ関心を向けつつある。願わくばＮＧＯがその流れに逆らうことなく、協調の姿勢を示してほしい。この年の合宿のもつ意味は大きかった。そこに私の参考意見が配布されるなら、多くの参加者がこれを無視することは、よもやできまい。そう願わずにおれない。

磯氏から貸与していた資料の返還と一緒に、私が批判した近宗氏から私への反論が同封されていた。その趣旨は、

①「国家が正義の名のもとに加害者を死刑にしても、被害者は慰霊されない」とあるが、これは被害者の無念の思いを知っている多くの遺族の心を逆撫でする言葉である。貴方にとって「慰霊」とはどういう行為を意味するのか。

②貴方は「被害者補償」という言葉を使っているが、「補償」というのは、生活権をもっている者を対象にするもので、死者に補償することはあり得ない。被害者に対しできることは「慰霊」のみである。言葉をごっちゃにしている。

③「相手を死刑にすれば償いを物理的に不可能にする」というが、衣食住と安全を保証された刑務所で労働に従事し、補償金を充てるといっても、不経済である。第一それは、遺族の生活権に対するものであって被害者の「慰霊」ではない。

④「生きて償いたかった」との死刑囚の言葉ですが、この世に未練を残す発言として当然である。終身刑になれば真摯な気持ちで「償い」をする気になるか疑問である。

死刑廃止運動は、キリスト教信仰の中から派生した一種の宗教活動だと思うとして、欧州連合が自分たちの価値観を押し付けるのは独善的「十字軍意識」であるという。

これにいちいち反論すべきであろうか。さすがに「私の視点」では取り上げなかった。ただし、近宗氏の新聞掲載の「私の視点」について、「よく言ってくれた」との読者からの声援もあったという。

むろん、いろいろな考えがあるのは当然である。われわれとしては、懇切・丁寧にこれらの意見に答える必要があるが、それに囚われているわけにいかない。異論は異論として抱き込み、さらなる人類のあるべき方向を目指さなくてはならない。

終身刑導入をめぐって——運動方針か理論闘争か

帰国後に知ったことであるが、亀井氏は、前述の合宿が開かれる十日ほど前に、日弁連や議員連盟の議員らとの意見交換会を開いた結果として、「死刑を存置したまま、仮釈放のない終身刑を導入する」私案を非公式ながら表明していた。その私案には死刑の執行停止は入っていなかった。

前述したように、死刑廃止フォーラムをはじめ、全国の死刑廃止のNGOでは、死刑に代替する終身刑の導入に批判的であり、終身刑導入と並行して死刑執行を停止する（公明党案）ならば反対はできないとの消極的賛成の共通の認識を、ようやくもつに至った段階である。それが亀井案では、単に終身刑導入だけを実現させようというのであるからNGOの賛同が得られるはずがない。そこで亀井案を素材として議論するならば、終身刑を採用するならば死刑判決が減少するという点で議論せざるを得なくなった。つまり私の終身刑の研究報告が一つのよりどころとなってきたのである。

同合宿に参加していた大山武氏は、私の論文「死刑に代替する終身刑について——アメリカの現状を踏まえて」（『法律時報』第七二巻第一〇号、二〇〇〇年十月号）では「終身刑導入を条件にすれば死刑廃止賛成の人が増える、という論旨でアメリカと日本の世論調査の数字を挙げているが、死刑判決が減ったというデーターは挙げていない。注の部分で死刑求刑に対して無期判決を出した日本の下級審判決を五つ挙げているので、これが根拠なのかもしれない」としている。たしかに同論文で、私は明確な根拠を挙げていなかった。そこまで論証する必要を感じなかったからである。しかし改めて調べてみるとアメリカでの報告がある（後述参照）。

さて、ここで改めて死刑の代替刑をめぐる、現時点での、いくつかの法案を整理しておこう。おおざっぱに分類すれば、①終身刑の採用（亀井案）、②終身刑採用と同時に死刑執行停止、③死刑廃止とその議論の間の死刑執行停止（議連案）となる。

③の議連案が実現するのであれば問題はない。実現の可能性から言えば①の亀井案であることはいうまでもない。これに対しては問題外である、というのがＮＧＯの意見であろう。これに対しては、私見を合宿へのレポートで述べておいたので省略する。問題は亀井案を頭から否定する根拠がどこにあるかである。

亀井氏によると、同案を上程すれば通過させる自信があると言われる。問題は終身刑の採用が、死刑廃止にいかなる影響を与えるかにある。未経験であるから不明であると言ってよいものではない。私は終身刑の採用によって死刑判決が減少する状況証拠は次の諸点にあると判断する。①アメリカでの経験、②裁判官が死刑か無期かの選択に苦慮している現状（両者の差が大である故）、③現在の死刑囚の分析からは、精神上の障害からと思われるような凶悪な殺人事件を犯した数名の者（精神病院入院対象者）を除いて、ほとんどの死刑囚が終身刑があればそれに該当する者である、等である。むろん冤罪の疑いのある死刑囚への処刑回避手段としての意味もある。

ところで、亀井氏がここで何ゆえに終身刑のみの法案を提示しているかを、改めて考えてみる必要がある。亀井氏は死刑廃止議員連盟の会長であり、死刑廃止論者である（亀井『死刑廃止論』花伝社）。終身刑の新設を提唱する背景に、死刑廃止もしくは死刑執行停止がターゲットになっていることは疑いがない。事実、彼は当初は「終身刑」と「死刑執行停止」を抱き合わせての法案提出を考えていた。

ところが日弁連等との接触のなかで、その法案通過の可能性が薄いことを察した結果「終身刑」単独のものとなったという経緯がある。自民党の有力議員としてというより、ベテランの実務政治家としては法案を出す以上、実現可能なものでなくてはならないと判断するのは当然である。まずは実現可能な終身刑を採用すること、これが実現すれば死刑判決が減少し、その次に死刑執行停止の条件が整ってくる。まず今ある死刑廃止への硬直した状況から一歩でも動きを作り出すことにある。亀井氏の発想はこのような政治判断による。

二〇〇二年八月十一日（日）の昼のＮＨＫニュースで、議員連盟が二〇〇三年一月に死刑廃止を目指し、終身刑導入法案を国会に提出する予定であると報じた。これに対して「FORUM90」第六七号は、これを「どうしてこの時期にと、いぶかる仲間も多かったようです」と述べている。この表現は「今、死刑廃止のチャンスを摑み取ることができるのか。あるいは死刑を残したまま終身刑導入という更なる重刑罰化に手を貸すことになってしまうのか。私たちは大きな岐路に立っています」という、「FORUM90」編集者をはじめとするＮＧＯ多数の意見と見られる。

このような意見が大勢を占めているが故に、私は先の死刑廃止の合宿に向けて自らの見解を配布したのである。ところで同合宿に向けて私と同じく、出席できない二人のNGOメンバーから意見書が出ていた。その一人が武田和夫氏であり、他の一人が今井恭平氏である。

武田和夫氏は一九六六年に東京大学に入学し、東大闘争に末端から参加、六九年より山谷で日雇労働に従事。山谷労働者による逮捕者救援活動をするかたわら、八八年に第一回死刑廃止運動合宿を呼びかけた人である。現在も日本死刑囚会議＝麦の会に参加している。彼とはフォーラムの会議でたび たび会う機会があったが、以前から死刑の代替刑たる終身刑について論じていたので、私が主幹している全国犯罪非行協議会の機関紙「NCCD」（第二二号、二〇〇一年五月）でも「死刑廃止運動と終身刑」とのテーマで対談してもらったことがある。

その武田氏が、フォーラムの全国合宿に向けてと題して「私たちはどのような『岐路』に立たされているか」との文書を寄せている。それによると、「そもそも今回の『死刑付き終身刑導入』の動きは、二〇〇〇年二月以降、公明党の基本政策にある『死刑廃止の検討』に対応して菊田幸一氏、安田好弘氏が浜四津氏と意見交換を行い、その際、『何度かの意見交換の結果、双方の意見は、死刑廃止をいきなり切り出すのではなく、まず死刑廃止への環境作りという意味で終身刑導入を第一ステップとして提案していくことで合致した』（「FORUM90」第五八号、石川氏報告）とあるように、フォーラム側で一定の合意を与えたものであったはずです」と述べている。このことはまぎれもない事実である。むろんフォーラムはだれかが組織を代表する運動ではないのではあるが、その後の「FORUM90」の論調でも「即時全面無条件死刑廃止のみがフォーラムの主張ではない」との姿勢がとられている。

事実、私の終身刑に対する考えも、賛同者は少ないとはいえ、その後の「FORUM90」にたびたび掲載されている（例・同誌第五五号など）。武田氏の言いたいことは、「死刑付き終身刑導入は、この間の終身刑導入路線の枠内にある。これを『重刑罰化に手を貸す』と否定するなら、いままでのフォーラム東京の軌跡総体を再検討しなければならない」ということである。

今井恭平氏については、フリージャーナリストであるということ以外はあまりよく知らないが、イタリアの大手アパレル「ベネトン」がアメリカの死刑囚の顔写真を広告に利用したことについて、私が強硬に反対したのに対し、彼は死刑廃止論者として賛成した。その記事を週刊金曜日に掲載するについて、インタヴューを受けたことがある。またアメリカの映画『アメリカン・ヒストリーX』の紹介記事で、一緒に解説を書いたことがある。彼はアメリカの死刑囚・ムミア・アブ＝ジャマールの救援活動をしていることで知られている。

彼が合宿に寄せた投稿の要旨は、「公明党案が重無期刑（終身刑）を導入し、死刑執行モナトリアムを実現するとする案は、菊田案との断絶は感じられない。その意味で死刑廃止に向けて執行を停止する点では、フォーラムの立場とも共通している。フォーラムの態度は果てしなく妥協の道に入っている。仮釈放のない終身刑は、有期懲役の量的拡大ではなく、質的激変である。終身刑は死刑と同様に残虐な刑罰である。死刑廃止に終身刑という概念を持ち込むこと自体が、解決不能な矛盾を導入する行為である」というものだ。

今井氏は、その後も「救援」（救援連絡センター、第四〇三号、二〇〇二年十一月十日）に寄稿し、フォーラムの運動方針としても、死刑廃止の代替刑としての終身刑を合意してきた（「FORUM90」第六六号）

を挙げ、死刑廃止運動の側から終身刑容認論が出ていることを批判した。代替刑を提示すること自体が、死刑の有益性を認めたものであると、より積極的に終身刑反対を主張している。

今井氏の見解は、理論としては正当である。私とて死刑は絶対悪であり、その絶対悪の代替刑なるものがあってはならないと、かねてから主張してきた（「わたくしの死刑廃止論」『書斎の窓』第三〇一号、有斐閣）。しかしここで問題にしているのは、理論闘争ではない。死刑廃止への運動の展開である。むろん運動とはいえ、その背景には理論的支えが不可欠である。その支えが悪としての死刑の廃止であることは言うまでもない。その廃止をいかに実現するかにある。しかもその実現は、遠い将来の課題ではない。今日、明日の課題なのである。

二〇〇二年十月八日の読売新聞朝刊は「死刑廃止論を追う」と題し、国際的な潮流と国内論議の概要を紹介した後、私へのインタビューでの発言、「世論を巻き込んだ議論を起こすことが大事。被害者感情を考えると、簡単に廃止や執行の停止の合意は得られない。死刑廃止一本やりでは一歩も動かない。亀井案であっても、成立すれば廃止へ向けた一歩になる」との指摘で特集を結んでくれた。

私にインタビューした記者は、この掲載紙を送ってくれた手紙のなかで、「廃止の方向性を鮮明にした記事には、社内の風圧もあり、ブレた記事になってしまいました。今後ともよろしく」と記されていた。これが現在のマスコミを含む多くの国民の状況であろう。

十月一日、一カ月のNYでの滞在を終えて帰国した。その間にも九月十八日に名古屋、福岡在監の二人の死刑執行をした。死刑執行後の九月二十一日からの二日間、第十四回死刑廃止全国合宿が、早稲田の日本キリスト教会館で開かれた。その席で運動家の一人大山武氏が、アメリカの例では終身刑を導入しても死刑判決は減っていないとの資料を提供したようである。これは私の主張を真っ向から覆すもののようである。そのような資料があるとは考えられない。おそらく一九七二年代の死刑執行モラトリアム時代から、その後の死刑の量刑三振法の制定からの死刑執行数の増加を指しているものと思われる。その後送られてきた文献は私の予想した通りのものであった。そのことと私の主張・紹介とは基準が異なる。いずれにしてもこうした動きに対し、それを歯止めをかける措置が急がれる。

亀井氏も死刑廃止議員連盟の会長として、その立場から終身刑の導入を検討している。それぞれに立場の相違はあるが、単なるイデオロギー闘争であってはならない。実現可能な段階から手を付けるのが現在の日本の状況から判断して、もっとも得策である。死刑廃止運動家の多くがそのことをどうして理解できないのか。「急がば回れ」の言葉もある。多くの国民感情から遊離した理論闘争はけっして得策ではないのだ。

「FORUM90」では、十一月二十三日に連続シンポジウム「終身刑導入は死刑廃止の近道か」を開くことを報じ、大山氏と石塚伸一氏（龍谷大教授）と私が報告者となっていた。石塚氏は終身刑採用反対の先頭に立っている（『死刑廃止年報』特集「終身刑について考える」参照）。私が終身刑採用に対する唯一の主張者として矢面に立つことになったのだ。二十三日までの間に、その論拠資料を提出しなくてはならない。そのため手元にあった *Dirk van Zyl Smit: Taking Life Imprisonment Seriously* を急ぎ読み、メモを取ると同時にワシントンの死刑情報センターの Excutive Director, Richard C. Dieter, Esq にEメールで資料の提供を打診した。同氏は、一九九七年に同センターを訪問してからの知人である。

それだけではなく、そのときの論議のなかで終身刑採用こそが死刑廃止への唯一の道であることで二人の意見が一致し、お互いに意気投合した仲である。彼ならそれだけの資料を当然にもっているはずだ。その返事を待つこととし、その間に前記の本を読むこととした。

Dieter氏からは、折りかえしEメールが送付された。それによると、これまでに死刑を廃止した州で、死刑を存置したまま絶対的終身刑を置くことで死刑判決が減少したメイン州の例などを知らせてきた。わが意を得たりである。

二十四日のシンポでは、いたずらに過激になるのではなく、ともにどうして死刑廃止への道を着実にすすめていくか、この資料を示しながら自説を展開しよう。私に与えられたこの機会を、むしろ天に感謝したいぐらいの気持ちだ。

フォーラム・シンポジウムでの議論

十一月二十三日、「終身刑導入は死刑廃止の近道か」との主題で、早稲田奉仕園セミナーハウスで約六十名の参加者の前で報告した。

まず最初に述べたことは、死刑臨調設置の新聞ニュースおよび日弁連の死刑執行停止の件である。開口一番、このわれわれが何十年にもわたって求めてきた死刑執行停止の実現が、目の前に具体化しつつある。この事実に感謝するとともに、これをどう実現させるかに今のわれわれの総力を挙げなくてはならないのであって、いたずらに理論闘争しているときではない、という趣旨であった。

さらに私は今回の浜四津案の提示に対し次のようなことを発言した。亀井案を引っ込め浜四津案を軸にした方針は、死刑を存置したまま死刑論議をする間、死刑執行を停止するものであり、終身刑ではない。亀井案をなぜ引っ込めたかの理由は不明であるが、死刑廃止市民グループの強い抵抗があったからだと推察される。

ところで浜四津案が実現するか否かについては、私の感触では否定的だった。私はかねてから、死刑の代替刑は可能な限り死刑に近い刑を提示すべきであると考えている。終身刑にしても、絶対的終身刑でなくてはならない。そうでなければ死刑存置の世論がいぜんとして八割を超える日本の大多数の市民、とりわけ犯罪被害者および国会議員を説得することはできない。私は韓国の死刑廃止協議会に招待されて何回か渡韓し、終身刑を軸とする法案作成のための資料を提供してきた。ところが最終段階においてカトリック宗派の意見で削除され、現行法の無期懲役が十年で仮釈放可能となっているものを二十年後の仮釈放と修正するだけに終わった。その法案が現に韓国の国会にかかっているが、私の判断ではこれが可決される可能性はない（韓国での項参照）。

日本の提示も同じ方向をたどっていた。議員連の最初の案での死刑廃止を引っ込めたのは、現実的である。ところが終身刑を引っ込めたのは何が根拠であるのか。先述のように市民グループの抵抗も無関係とは思えないが、私は今後の検討のなかにおいて浜四津案は引っ込められ終身刑が浮上するはずである。そのためにも今日ここで終身刑についてその推進理由を、私は強力に述べておかなくてはならない。

この会場に出席している多くの方は、終身刑に批判的のようだ。しかし私はそれにひるむわけにいかない。ついで私は、アメリカにおいて終身刑が死刑の代替としてどのような状況に置かれているかを文献で読んだ資料を中心に説明していった。

最初に登壇した大山武氏はアメリカで、一九七二年にファーマン判決において連邦最高裁が死刑違憲判決を出し、その後三振法ができ各州において死刑判決がいかに増加したかを、統計にもとづいて説明した。しかし私は、この資料は前もって読んでいたし、この報告がこの研究会の主題である「終身刑採用が死刑判決を減少させるか」の根拠となりえないことは明々白々である。なぜならアメリカ全体の統計であり、そのアメリカの死刑判決および死刑執行数の増加と、ここで問題としている終身刑との関係は何ら因果関係がないからである。

大山氏の報告を受けて私は、そのことを指摘した後に、前述のワシントンの死刑情報センターからの資料をもとに、次の報告をした。①いくつかの州では、死刑を回避する場合に終身刑を選択している。②ミシガンとマサチューセッツでは完全に死刑に代替して終身刑を採用した。③メリーランド州では、一九八九年に死刑を存置したまま終身刑を採用した結果、五年間で八人だけが死刑となった。一九九一年に五人に減少した。その他、一九九七年二月三日のワシントン・ポストによると、バージニア州では一九九五年に死刑を存置したまま殺人に対し仮釈放のない終身刑の選択を可能にした結果、終身刑の選択が増加し、死刑判決が激減したことを報じている。このような報告はその他にいくらもある。

この報告に対して、アメリカ全州の終身刑と死刑関係統計を提示すべきであるとの指摘があった。しかし、それは不可能ではないが、少なくとも、これらの州のような因果関係があったという事実を示すことで十分だと答えておいた。いずれにしても大山氏がこの夏いらい問題にしていた私の指摘に対する反論を資料をもとに回答してホッとしたが、大山氏はさらに浜四津案によって、一時死刑執行停止が実現しても、その後においてまた死刑執行が復活する危険性があると述べた。

これに対し、前列に座っていた安田氏が即座に発言し、「それには誤解がある。浜四津さんは、一時執行停止が実現すれば死刑判決が減る確信があるからで、それは欧州評議会の提言で学んだというわけです。死刑執行を停止すれば、その間に世論が変化することの確証をもって当たっている。現に三年六カ月にわたって執行がなかったときは、死刑廃止への世論が集中した」と自説を加えて発言した。ここで安田氏が浜四津案を通じて自らも終身刑を目ざしていること、つまり私の主張に同意していることに感謝した。私は満足して彼の発言を聞き、「そもそも亀井氏は議連会長であり、浜四津氏は副会長である。その人たちが終身刑を主張することが、死刑廃止に向けてのものであることは言うまでもないことではないか」と補強する発言をした。

ところで、この会での話題の中心は何といっても終身刑採用に対する疑念である。この会の司会をした石塚伸一龍谷大教授は、死刑廃止をともにすすめている数少ない刑法学者の一人ではあるが、代替刑としての終身刑採用に批判的である（『死刑廃止年報』特集「終身刑について」参照）。私のスピーチの後での討論を前に彼は黒板に図式化しながら、終身刑の問題点を説明した、その要旨は、「終身刑の採用は、現在の重刑罰化の傾向に拍車をかけるものである。現に無期懲役囚の長期化が明らかとなっており、終身刑が使用されることで、これまでの無期懲役囚の長期化が是認される危険がある。または従来は無期懲役であった者が、終身刑になる危険性もある」。

石塚氏の発想は、死刑廃止のために代替刑としての終身刑を採用するに際し、その問題点を指摘し、代替刑を提示することが妥当でないとするものである。少なくとも終身刑を採用する前に死刑廃止が決まっていなくてはならないとの主張である。しかし私は、終身刑に問題があるとしても、死刑廃止のためには、あえて死刑に限りなく近い刑罰、つまり終身刑を代替刑として提示していかなければ、多くの死刑存置論者を説得する力にはなり得ないと考える。その根本的認識に相違があった。

フォーラムでは、この夏の合宿で「終身刑を代替とする案には反対する」との決議をしている。そこで、このフォーラムの合宿で終身刑導入を多数の意見とするならば、たとえば「FORUM90」を発行している編集者の立場としては編集責任を負えない、との趣旨の質問が編集責任者の江頭純二氏から出た。私はこれに対して、「終身刑導入は死刑廃止論者の主張ではない。死刑存置論者を納得させるための戦略である。存置論者を廃止論にひきずりこむための手段である。つまり存置論者の理論である。終身刑は単なる死刑廃止までの戦略であることを忘れてはならない」ことを強調した。

参加者の多くは、この見解に納得し、司会を務めた石塚氏は「この言葉を今日の参加者の合意としたい」と述べ、さらに私は、勢いあまって「本日は、終身刑を主張する私は、多数の反対論者の中で、いわば四面楚歌のなかで一歩も引かない心境で発言してきましたが、あちこちで私の発言にうなずいて下さっている人が目立ちました。むしろ積極的な反対論が出ないので安心しました」と結んだ。

その後の夕食会は満足した気分で過ごした。なかには「いい発言でした。側面から援護発言しなかったことを詫びます」と言ってくれる人もいた。その中でも元アムネスティの職員であった石川顕氏は、今は福島瑞穂議員事務所に勤務している。その石川氏が「私も同意見です。とにかく死刑問題に何らかの動きを求めることが大事です」と言い、私が断るのを押して「見送りしたいのですから」と言って地下鉄の入り口まで小雨の中を送ってくれた。心と心の触れ合いができたことがうれしかった。

高田さんから、またまた痛烈な伝言が送られてきた。この前のシンポでの私の発言テープを「FORUM90」に載せるため整理してくれた後の感想である。

それによると（要旨）「やっぱり菊さんの話は説得力に欠けるのです。やはりモラトリアム後に廃止されるかどうかに不安を抱いています。だから、このモラトリアム期間に何をするか、何ができるか、何をすればメリーランド州のようになれるのかの具体的な提示を今回菊さんにはしてもらいたかったのです。『死刑廃止議連の人たちが出している法案なんだから心配するな』とか『二年停止してそのあとに死刑が廃止されないわけがない』という答えばかりです。二年後にひっくりかえる。むしろその可能性の方が高いと思うから、どうやってその二年を過ごすかを具体的に安田さんなりの専門家に考えてもらって提示してもらい、安心したいと思っているのです。今回はこのまま掲載しますが、もっと理論武装してください。敵の理論を代わりに提示してあげたとしても、だまして死刑廃止を実現していくプロセスが何も語られていないことは、今回のシンポの肝心な目的を達成できていないということになると思うのです」。

彼女は私の死刑廃止の代替刑たる終身刑の提唱に、どうやら賛成になっている。このこと自体がおどろきであったが、その後の具体策に触れていないことを問題にしている。その点に彼女が不安を抱いているのはもっともだが、彼女の前提としている「安田さんなり、菊さんなりの専門家」という認識は間違っている。今、われわれは死刑廃止運動をしているのであって、学問としての理論闘争をしているのではない。死刑廃止という、つとに政治的・政策的手段を模索しているのである。この点で私は専門家でも何でもない。みんなで議論すべき共通の戦略なのだ。ただ名誉のため確認すれば「だましている」との指摘はいかがか。

ところで彼女は、モラトリアムを実現した後のことを問題にしている。その心配の発想は、終身刑が死刑より残虐であると主張し、終身刑に反対する人の意見と類似している。つまり終身刑の残虐性を主張することで死刑の廃止もできない。私の発想は、死刑廃止のためには「限りなく死刑に近い終身刑」でなくては死刑に代替するものでないことを、あえて主張しているのだ。終身刑を採用すれば、死刑廃止は後ろから付いてくる。モラトリアムが実現することは、われわれの長い夢である。その実現が具体的な視野に入っていた。

いま、ここにあってモラトリアム実現後のことを不安に思って何ができるのか。たしかにモラトリアム実現後に、死刑がまた復活する危険性が絶対ないとだれも保証できない。そのような保証の手立てがあるなら、私こそ聞きたいところだった。死刑を廃止しても復活の危険性があるが故に、人は日常的に人権闘争を続けているではないか。死刑廃止はそれが実現したことで、完全に目的が達成したと思ってはいけない課題なのだ。

モラトリアムは死刑制度廃止の前兆であり、それに不安をもつ気持ちは十分に理解できる。しかし、そのモラトリアムを実現する前に、不安のまま躊躇するものであってはならない。ともかく一歩前進することだ。モラトリアムを実現したなら、その中で死力を尽くして、その継続と死刑廃止の実現につとめようではないか。この先、二〜三年のモラトリアムを実現するなら、世界はその流れを逆行させることはあり得ないし、させてはならない。

死刑廃止は後ろから付いてくる。高田さんの危惧は理解できないわけではないが、むしろ接近した立場で詰問してくれたことに感謝しようと思った。

死刑廃止法案をめぐる動き

二〇〇二年十二月十三日に、議連の総会が開かれた。その状況報告（「FORUM90」第六九号）によると、次期通常国会に死刑廃止法案を提出することを約束しているが、同総会では亀井会長をはじめとする自民党の議員から、終身刑導入の強い要請があって、結論として議連案は承認されず継続して検討することとなったようだ。

議連のなかで法案が確定していないのだ。浜四津案では国会を通過させることが困難であるということであろう。亀井案は、①終身刑を採用すれば死刑判決は減り、世論も死刑廃止に流れが変わる、②自民党の議員を説得するには終身刑が必要である、③議連案では、現行の無期と重無期の相違が不明である、としている。法案提出までに、この点についてさらに論議されなくてはならない。

日弁連が死刑執行停止法制定の提言をしたことを十一月二十二日の各新聞が報じた。その中身は第一に、死刑執行停止法を制定する提言である。死刑制度について国民的論議が尽くされるまで、死刑執行を停止しようというものである。日弁連の理事会が採択したものだ。これまでは日弁連は、死刑廃止への明確な意思表明はしてこなかった。これは実に画期的なことである。これには日弁連の「死刑問題調査会」の小川原（東京第二弁護士会副会長）が私の考えに同調して、議連案を側面から推進するために尽力した結果でもあることが後日分かった。議連の法案を日弁連が支持するものと受け止められる。この先は、こうした日弁連の考えも参考にされ、最終的には、①終身刑の採用、②死刑執行停止をいかに具体化するかにある。

十二月、韓国次期大統領に盧武鉉氏が大方の予想を覆して当選した。彼は選挙スローガンのなかで、当選したら死刑廃止を実現することを公約していた。これは日本の死刑廃止にとって願ってもないことだ。もしも、これが野党候補の当選であったなら、日本の死刑廃止運動はさらに遠のくことになるのは必至である。というのは、韓国では現に死刑廃止法案が国会に上程されているが、大統領選挙によって、この法案は棚上げされてきた。この法案の関連については上述したように、私も少なからず関与してきた。

また今年になって、日本からも議連の亀井会長や浜四津氏ら重要メンバーら八名が訪韓し、十一月五日に日韓議員セミナーをソウルで開き「死刑廃止を願う決議文」を採択している。その橋渡しをしたのが、与党民主党の選挙対策委員長を務めた鄭大哲議員である。彼は韓国での死刑廃止運動を先導しており、私も面識がある。その与党が大統領を選出することに成功したのだ。在日韓国人の友人は、まさに「天の恵み」を与えてくれたと狂喜した。現状は九分九厘まで負けが予想されていたのであるから、叫ぶのも自然である。

日本の死刑廃止運動にとって、これほど大きなインパクトはない。韓国の現行刑法は旧植民地時代に日本が制定した刑法の原理が今日も継続しており、日本の刑法と類似している。その韓国で二〇〇三年の二月に新大統領が就任し、事実上の死刑執行停止が継続される。新聞報道によると、鄭氏は次期大統領の特使として北朝鮮の核開発防止の打ち合わせのためアメリカへ出かけ、帰路日本に立ち寄るという。次期大統領の基本政策は、金大中が推し進めてきた太陽政策を継続することにある。死刑廃止はそうした政治路線と軌を一にするものである。

韓国では金大中大統領の就任前に、それまでの死刑確定囚五十人が金泳三大統領のもとで処刑されたことがある。二〇〇二年末で五十七名の確定死刑囚がおり、法務当局は三十名が適正であると言っており、そうだとすると二十名は処刑される危険性があった。ところが金大中大統領は、任期が終了するに際し、五年間執行しなかったと同時に、四名の確定囚について無期懲役に減刑した。盧大統領が選挙スローガンにおいて死刑廃止を掲げていたことは前述したが、野党が多数を占めている中で死刑廃止が実現するか否かは未知数である。しかし少なくとも、彼の大統領の在任中は執行がないことは間違いない。韓国では法務大臣が死刑執行に署名する前に、大統領の意向をただすことが不文律となっているのだ。

ところで韓国国会に提出されている死刑廃止法案は、盧大統領の選挙参謀本部長を務めた鄭大哲氏ら百五十五人の議員らが発議したものであるが、死刑廃止の代替刑として十五年経過後の仮釈放を提案している(現在の無期懲役は十年仮釈放の資格がつく)。当初は李氏らの死刑廃止協議会では終身刑を提示していたが、プロテスタントが反対したため、妥協したと言われる。さらに分かったことは、鄭氏の母親は韓国で最初の弁護士となった人であり、その母親が熱心なプロテスタント信者であり、その宗派が終身刑に反対していることが原因であるという。日本よりも凶悪犯が多発している韓国において、このような法案が通過することは困難であると言われている。現在の法務委員会は九人のうち四人の検察出身者が死刑廃止に反対しており、廃止賛成は三人、残りの二人が中立であるという。この二人がどう動くかで決まるようだ。ただし法務委員長の権限で法案を国会に提出することは可能のようである。

一方、死刑廃止協議会は平生終身刑という代替案を提示している（「平生」というのは平均生涯の意味）。この案は、韓国の現在の平均寿命七十三歳を前提に、たとえば五十歳で死刑が確定すれば平均寿命の残りの二十三年の三分の一、つまり七年余を服役すれば仮釈放するというものである。つまり若くして死刑囚になればそれだけ長期服役することになる。このような代替案を提示したのは、プロテスタントが終身刑に反対し、カトリックが終身刑を提唱しているので、その中間の案としたものだという。それだけが根拠とすれば説得力に欠けるようである。そもそも平均寿命そのものも今後変動するものであるし、四十歳で死刑囚になれば十年余で仮釈放の資格が得られる。死刑廃止を実現させる代替刑としては、多くの反対論者を説得するにはインパクトに欠けると言える。

韓国でも現実には、終身刑を提唱することになるのではないか。ＫＢＳが実施した世論調査でも死刑廃止に代えて終身刑を採用するなら廃止に賛成と答えた人が五一％になったという。その成り行きを見守るしかないが、韓国は日本と比較しても社会変動が激しいと言われる。今は北朝鮮問題が最大の関心事であり、死刑問題は表に出にくい。その間で何が起こり、国民意識がどう変わるかは予断を許さない。

日本と比較して、韓国の最近の動きは少なくとも、この十年にわたり死刑執行が停止されたならば、まさに先駆けて死刑廃止となる可能性が高い。ここで大事なことは、この韓国の動きをどう日本の死刑廃止に結びつけるかにある。

第五章　行刑改革会議と死刑廃止議連

行刑改革会議に参加

　死刑廃止議連の法案のなかには、重無期懲役の採用とともに恩赦による上申権を付与することを掲げている。一方、福島瑞穂氏（社民党幹事長）や海渡雄一弁護士（監獄人権センター事務局長、両人は夫婦）は、無期懲役の実態を国会議員として追及している。その延長線上に名古屋刑務所での受刑者死亡事件の発覚などがある。この問題を先頭にたって追及しているのが保坂代議士でもある。

　名古屋刑務所の事件から、法務省は、現在の行刑のあり方を批判している専門家を入れて「行刑改革会議」を設置し、その答申を受けて改善する態度を示すことで、野党の追及をかわすことを目論んでいる。行刑改革会議は保坂氏の希望を入れて、菊田を委員にした。委員十六名の顔ぶれは、顧問が後藤田正晴（元副総理）であり、座長が宮澤宏（元法務大臣）である。委員の中には元検察官が三人も入っている。ほんらい日弁連はこのような会議の設置に反対すべきであったが、逆に委員を送り、さらに日弁連の人権委員会を中心に菊田を支援しようとしている。問題の本質が分かってないと思う。四月一日の東京新聞は「刑務所問題に精通している委員は菊田幸一・明大教授一人だけである」と報じた。私がその隠れ蓑として利用されていることは明々白々なのである。

このような会議は、ほんらい議会内に設置すべきであった。ところが法務省内での設置に乗ってしまった。これによって、まず保坂氏は法務省追及の矛先を弱めるしかない。現に国会内で、関係者は「この問題は行刑改革会議に諮問している」との逃げ口上の発言をしているという。

問題はそれだけではない。先にも触れたように、死刑廃止議連は恩赦の上申権を長期受刑者に付与することを掲げているが、それには恩赦法の改正が必要である。ところがこの改正は、いわば天皇制にもかかわる問題であって、簡単に改正できるものではない。法務省はそれをテコに議連案をつぶすことを狙っているのだ。

問題を整理しよう。死刑を代替する終身刑には、現在の無期懲役の実態から反対の意見が強く、議連案では恩赦による釈放の道をつくることで妥協案としている。法務省はその恩赦をタテに、法案自体をつぶすことを目論んでいる、というものである。法務省は、終身刑採用には消極的なようである。しかしこの問題は、議論すれば解決可能である。

春休みのため、しばらくぶりに大学へ出た。三月二十六日付で見知らぬ方から一通の手紙が来ていた。その内容は、「三月十七日付朝日新聞で、先生の死刑に対するお考えに触れ、勇気を出してペンを執りました」とはじまり、三年前に起きた「池袋通り魔事件」の被告人を支援しているとのこと。

その被告人は現在死刑を求刑されているが、精神的に問題があることなどを書き、私が行刑会議の委員に選ばれたことを知り、「おすがりする思い」とし、「一日も早く死刑制度が無くなるように、たとえ一生独房にいることになっても、命を絶たれることがないという安心感を受刑者の方々が持てるようにと念じております」と述べ励ましの結びとなっている。私は丁重な感謝の返礼を出した。

私の意見は間違っていない。「行刑改革会議」を通じても、根底に「人たるに値する存在」として受刑者問題と取り組むことを忘れてはならない、と心に誓った。そもそも死刑があるから、日本の刑務所は殺人を犯すのだ。死刑のない国の刑務所となって、はじめて処遇の人道化が着実なものとなるはずだ。

「行刑改革会議」は私にとって、これまでの研究を実践に移す、願ってもない機会である。いや、その機会とするか否かは自分自身のこれからの努力いかんにかかわっている。これまでに元受刑者にはかなりの数の人に会った。この先は矯正の第一線で働いている人の意見も聞く必要がある。

十二日（土）午前十一時に、法曹会館で日弁連の行刑改革会議バックアップ会議に出席した。ほんらいは弁護士のためのものであるが、特別に出席を要請された。座長は加毛修氏が務めていた。その他に海渡氏や遅れて田鎖氏も来ていた。

話題は行刑改革会議対策である。話題のなかで各委員についての人物評もあったが、中央大学の藤本哲也氏が委員を辞退したことが伝えられた。

「行刑改革会議事務局等構成表」によると、事務局長に但木敬（法務事務次官）、代理に官房長ら三人、事務局次長が矯正局総務課長の林氏、その他、矯正局、刑事局付の検事である。

この体制が法務省全体の体制ではあろうが、内部でどのような力関係ができているかは不明である。しかし矯正局は、名古屋事件で自助能力を失っているのではないか。というよりも、森山法務大臣は矯正局の意向を飛び越え、法務大臣の権限で私的諮問機関を設定したのであるから、本気で「行刑改革」を実現しようと考えている。

むろん形式的には、今回の不祥事事件の最高責任者でもあり、大臣の首が問題となっている。それだけに、行刑改革を本気でやる気であり、単に自己の延命策とだけとらえてはならないのではないか。仮にそうではなくとも、行刑改革に参加することは、私にとっては男冥利につきる。ここで何とかして、日本の行刑の改革に影響力を及ぼすべきであると思う。藤本氏が辞退したことは、うがって考えればこの会議が矯正局にとっては法務大臣先行であり、不愉快に思っているはずである。しかし今は、我慢して協調しておかなければとの思いであろう。お手並み拝見であり、その後において握り潰されることが見え見えである。そのことを思うと、委員に参加することは得策ではないと判断したのではないか（そうでないことが後日分かった）。学者で後の一人は宮澤がいるが、彼はもう名誉教授であり、法制審議会の委員ではないようだ。法務省でも無害である。

日弁連での会合の後、日比谷公園内の喫茶店で海渡、田鎖氏に加え、西嶋勝彦弁護士（初対面）の四人でコーヒーを飲んだ。海渡氏は最近、法制審議会刑事法部会の委員に選任されたという。法制審にかけた方が法案が成立しやすいとの意見である。しかし私はそうは思わない。これまでの監獄法改正の経過を見れば推察ができる。可能なら直に国会にかけるべきであろう。いずれにしても諮問が骨抜きにされない、「拘束力」の確定が必要である。本気であれば、そして矯正局もそれを期待しているなら、ここで一挙に改革を実現せねばならない。そのキーポイントを握っているのが私ではないか。これは大変なことになってきた。

四月二十八日、以前から準備されていたことであるが、The Community of Sant Egidio（一九六八年にローマで創設されたNGOの死刑運動団体）のアルベルト・クワトゥルッチ（Prof. Alberto Quatrucci）教授から、五月二十二日、東京四谷の主婦会館で開かれるセミナーで、日本の死刑廃止の状況について十分間のスピーチを依頼したいとの連絡が入った。その草稿を送るよう要請してきたので早速、彼に次のようなFAXをした（要旨）。

ようやく日本の死刑廃止への具体的動きが出てきた。その第一は、超党派の国会議員約一二〇名で構成される「死刑廃止議員連盟」（会長・亀井静香衆議院議員）が次期国会に提出しようとしている死刑制度見直し案が明らかとなった。その骨子は、二〇〇四年四月から四年間、死刑制度を残存したまま、その執行を全面的に停止し、その間、臨時調査会を設置し三年間かけて制度の見直しを議論するというものである。つまり事実上の死刑執行のモラトリアムを二〇〇四年四月より実現することを目指している。

日本では死刑廃止に向けて、どのような段階を踏むかについて日弁連をはじめ市民団体など、多くの関係者が終身刑をはじめとする死刑の代替制について賛否の議論が活発になされている。その中にあって議員連盟の今回の動きは、まず死刑執行停止を掲げたものであり、きわめて現実的選択である。事実上の死刑執行停止は、それにつづく死刑廃止への第一歩であり、私はこの法案の実現に関係者が一致して支援することを心から望んでいる。この法案提出にならんで死刑制度の存廃に関する臨時調査会が設置されるならば、そこで具体的な死刑廃止の手段について論議がなされる。その間、死刑執行が停止されるならば、国民世論は死刑がなくとも凶悪犯罪が増加しない事実を知り、さらに死刑判決も減少することは間違いない。この環境のなかで私は仮釈放のない終身刑（ＬＷＯＰ）の採用を根強く主張するものである。

なお日本では、法務大臣の私的諮問機関として「行刑改革会議」が本年四月になって発足した。この会議の委員に私が学者として参加することとなった。この会議は日本の刑務所の改善を目的とするものであるが、この会議の存続中は法務大臣に死刑執行に署名させない説得をしなければならない。もしこの会議の存続中に法務大臣が死刑執行に署名すれば「行刑改革」それ自体が、根本的に国民の批判にさらされるものと判断している。この会議は第一次的な答申を本年十二月末と決めているが、先に述べた死刑の臨時調査会が二〇〇四年四月に発足し、死刑執行が停止されるまで、この行刑改革会議を存続させ、現在からの死刑執行停止を事実上結合させることが現実的となってきた。

このような、きわめて重要な時期に Seminar on Death Penalty が Community of Sant Egidio の主催で東京で開催されることは誠に意義あることであり、主催者に衷心より感謝申し上げる次第である。

森山眞弓法務大臣への手紙

法務大臣は「行刑改革」を真剣に考えている。幸いにも森山氏は小泉総理の信任も厚く、この内閣が続く限り途中で更迭されることはないという。それを信じ「行刑改革会議」を成功させなくてはならない。このことが実は死刑執行停止と重大な結びつきとなる。何故なら「行刑改革会議」は一応の答申の目途を二〇〇三年末としている。むろん当事者は死刑執行とは無関係であると思っているだろうし、森山法相もすでに二度にわたって死刑執行の署名をした人物である。署名したことに対し「法の定めにある以上、法務大臣としての職責を果たしたまでだ」と語った人物である。

しかし、そのときは名古屋刑務所の不祥事が問題化する前であり、むろん「行刑改革会議」は存在していない。事情が変わったのである。死刑廃止運動の先頭に立っている菊田を、会議の委員に任命することに躊躇したとの話も伝わっている。その菊田を敢えて委員に選任したのは、この分野で批判的言論をはいている菊田を任命することで、むしろ改革に真剣であることを示すことであったとも思われる。同時に任命した上は、この会議の存続している間は、少なくとも死刑執行の署名はできないはずである。賢明な彼女がそこまで想定しないはずはない。しかし、それは当方の勝手な見方としておいた方が賢明である。

そうであれば、ここで何らかの手段で彼女に当方の気持ちを伝えておく必要がある。つまり、もし会議の存続中に死刑執行に署名するならば「菊田は委員を辞退する」。私が辞退すれば、その理由はマスコミに報道され、この「行刑改革会議」自体のありようが大問題となるはずである。その旨を何らかの形で、法務大臣に伝えておくことで圧力をかけておく必要がある。森山法務大臣へ次のような私信を郵送した。

法務大臣　森山眞弓様

冠省

この度は「行刑改革会議」委員に任命いただき光栄に存じております。

ご推察のように私は死刑廃止論者であり、また受刑者処遇のあり方について、かねてより批判的言動をしてきた者であります。ところで第一回会合でのお話、あるいはその後の大臣の新聞等での報道による言動から判断いたしますと、今回の大臣の行刑改革に対するお気持ちは真剣であることを拝察し、微力ながら私の精魂を傾けてこの会議の成果を実のあるものとしたいと念ずるものであります。

そこで、この段階で大臣に思い届けておきたいことがあります。それは、この「行刑改革会議」が存続中は、少なくとも死刑執行の署名は決してなさらないでいただきたい点であります。ご承知のように「死刑執行停止法案」も近く国会に提出の準備がすすめられております。あるいは大臣は「行刑改革」と法に基づく死刑執行とは別次元であるとのお考えかとは存じますが（誤解でしたらご容赦ください）、万一にも、この時期に署名されるようなことになりますと、私の良心が成り立たないばかりか、この会議自体が分解してしまうことは必至であります。

なお、この会議は十二月末までに具体的答申となっておりますが、大綱については可能であっても、詳細については、かなりの日時を要するものと判断いたしますし、それに関する私の考えに関しては別途、事務当局に書面で提出予定であります。

たまたま来る五月十三日（参議院）、十四日（衆議院）の両法務委員会で私が「行刑改革会議」委員の一人として「日本の刑務所」について意見を述べる（参考人）よう出席を要請されました。この機会に、新行刑法案の作成作業は当局者だけにまかせるのではなく、議員や弁護士その他の識者も参加すべきこと等の提案を含む、以上で申し上げた諸点に関しても発言するつもりであります。大臣が法務委員会にご出席されておれば幸いですが、部外者の私にはその点は不明でありますので、本日、僭越ながらお手紙により私個人の思いをお伝えする決心をした次第であります。どうぞご理解を賜わりたく衷心より御願い致します。

草々　菊田幸一（明大教授）

行刑会議を継続させ、議連の死刑執行停止に結びつけることである。そうなれば日本の死刑執行停止は、この行刑改革会議の発足が事実上のスタートになっているはずである。私がその橋渡しをすることができるのではないか。まことに勝手で傲慢な解釈だと他人はあきれるかもしれないが、しかし、たとえ傲慢な解釈と行動と思われても気にする必要は毛頭ない。死刑執行停止が数年にわたり継続されるなら、事実上の日本の死刑廃止はスタートしたと見てよい。死刑廃止はそこから付いてくる。その死刑執行停止の実現は、もうすぐそこまで来ている。その確実な橋渡しをしなくてはならない。

五月二十四日、日弁連主催の「死刑執行停止法案とは何か?」のシンポが日弁連講堂クオレで開催された。『ある殺人事件に関する物語』の映画（六十分）の後、基調報告に議連会長の亀井氏が十五分、保坂氏による法案概要の説明、小川原弁護士による日弁連の報告の後、パネル・ディスカッションに入った。パネリストは、亀井氏の他に国会議員では、金田誠一、木島日出夫、保坂、山花氏らに山内敏弘（一橋大・憲法）、石塚伸一（龍谷大）、原田正治（被害者遺族）と菊田。コーディネーターは大谷昭宏、安田好弘氏である。

私は壇上で隣に座った亀井氏に「あなたとまったく同意見である」と言って握手を求めた。彼はただ黙ってそれに応じたが、最初の発言のときに、「終身刑の推進という、現実的に前進しようとする亀井氏に同調するし、今、こうして隣に亀井さんと座ること自体が運命的なものを感じる」と述べ、会場から拍手と笑いを受けた。私は言うまでもなく死刑廃止論者であるが、終身刑の提唱は死刑存置論を廃止論に引きずり込むための橋である、と強調した。論点は、①終身刑の創設、②執行停止、③死刑臨調、④その他（恩赦、被害者問題、実現の可能性）である。

法務委員会での名古屋事件にからむ問題と行刑改革会議での論議、そして日弁連のこのパネル。いずれも連動している。事実上の死刑執行停止は、すでに環境としてはスタートしていることを話さなくてはならない。これを法的に実現するのが議連の法案である。またとないチャンスである。

ともあれ、ここまで来たことに感無量である。死刑執行停止、終身刑のいずれも私が先導してきたものである。死刑執行停止連絡会議は一九八八年に結成された（倉田哲治、丸山友岐子の二人と対馬滋のいずれも今この世にいないことは前述した）。そのなかで議員連盟が結成され、終身刑と連動している。

ただし問題なのは、終身刑（重無期懲役）の採用にしても、同時に恩赦法を改正して恩赦の申請権を死刑囚を含む受刑者に与え、何らかの仮釈放の機会を与える余地を残そうとしていることである。絶対的終身刑を提唱しながら、そのような逃げ道をつくっている。これは頑固な死刑存置論者への廃止への橋としては問題である。同時に恩赦法は戦前と選後も内容は変わっていない。いや変えられない。恩赦法は、赦しを官が与えるものであって、願うものではない。その恩赦法の根本理念を覆すような大改正は不可能である。

このような不可能なものを入れておくことは、そのことが障害となって、終身刑そのものが廃案となる可能性が強くなる。もっとも死刑臨調を発足させるというのであるから、その時点でこの点についての見直しは可能である。この点について詳論をさけたため、憲法学者の山内教授は「菊田教授の死刑廃止へのご努力には、かねがね敬意を表しているが、恩赦については、国際的に受刑者の権利として確立することが主張されている。それを無視するような主張は受け入れられない」と語った。これに対する反論の機会を、司会者（安田好弘氏）は与えなかった。

私はこの点に関して、発言録の段階で、なぜ恩赦の改正を付記している議連案に反対するかの理由を、勝手に修正して責任者に返送した。そうでもしなければ、私の真意が分かってもらえない。国際的に主張されている恩赦は、日本の恩赦とその背景が異なる。そもそも大統領制における恩赦と日本の恩赦は根本的に精神が異なるのだ。

日本の恩赦は天皇制に基盤がある。個別恩赦に関する新恩赦法を制定するならともかく、日本には政令恩赦という諸外国にない恩赦がある。その恩赦法である限り、権利としての恩赦法の上申権は不可能である。その点が憲法学者といえども理解していないのではないか。私はかつて「恩赦制度の批判的考察」（『法律論叢』第四二巻第五・第六・第七号、一九六九年）という論文を書いたことがあるし、その後に『知らないと損する恩赦の知識』（第三文明社、一九八五年）も出版している。これまでにも恩赦については関心をもってきた。それは犯罪学を専攻する者として当然の仕事だからだ。

壇上で亀井氏が退席した後に、遅れて着席した浜四津敏子氏（議連副会長）にこの点について話した。

彼女は「そういうことであれば臨調の段階で後退させておくしかない」と語った。また休憩中に、共産党の木島日出夫氏にも話した。彼は「その点はあまり反対なく通過するのではないか、問題は死刑執行停止を自民党の多数が認めるかどうかが大きな山だ」と言う。やはり恩赦の問題の重大さについては意識していないようである。

安田氏は恩赦法の改正段階で、それが要因となって全体が流れる可能性を意識している。一方では、法案が反対にあったときに、この恩赦の部分を削除し、本体を通過させようとの政略も含んでいる可能性がある。しかし彼は、日弁連新聞（二〇〇三年四月一日）で「今後の活動方針」と題し「恩赦の調査を龍谷大学矯正・保護研究センターに委嘱した」と書いている。恩赦の申請権を国際的観点から認めることには異論はないが、日本の恩赦に対する認識がどの程度なのか不明である。

パネルが終了し、弁護士や代議士たちとの立食パーティーで、彼らの数人を前に私は恩赦の改正を入れているのは問題であることを強調し持論を展開した。しかし理解を示す者は一人もいなかった。居合わせた山花氏に「議連の方にこの点を伝えて欲しい」とだけ話した。議連の事務局長である保坂氏は「あまり批判的なことは発言しないように願います」と言って握手を求め、出て行った。

恩赦発言についての波紋

恩赦の一部改正を伴う議連案に対する私の批判は、またまた意外な波紋となってきた。六月九日の午後七時から文京区のシビックホールで「台湾の死刑について」一橋大学の大学院生・森宣雄氏から報告を受ける会をフォーラムが開いたので参加した。

台湾では二〇〇四年までの死刑廃止を法務部長が公言している。これまで国共内戦を理由に戒厳令を敷いてきた台湾が死刑廃止に向かうのは、中国へのインパクトが絶大であるばかりか日本の死刑廃止にも大変な影響力をもつ。台湾では〇三年五月二十二日に「人権基本法」の草案が完成し、「人びとはあまねく生命権を有する。いかなる者も死刑判決あるいは死刑執行を受けない」とする「生命権の保障」を明記した。しかしこれを審議する立法院は〇二年十二月にB規約批准の審議で、第六条の死刑関係規定について保留を決定している。予断は許されない、等の報告があった。

実は同日の会で、もう一つ報告があった。それはNYに三十年余住んでいる風間稜という人物がアメリカの死刑囚の写真数十枚を撮って、それを説明しながら死刑問題を語ってくれたが、時間が少なく（約二十分）、残念であった。

この会が終了し、いつものように参加者が夕食をともにした。先の日弁連での死刑シンポで安田氏に不満もあった私は、彼に恩赦の件をはじめ、死刑論をぶっつけた。それを同席していたYという人物（初対面）が二人の論議を聞いていて、その話を仲間にメールした。その文面というのは「きのう、二次会で、安田弁護士と菊田先生が盛んに論争していました。議連の死刑廃止法案について、恩赦を付ける付けないのところになって、菊田先生『〇〇代議士や〇〇さん（Eメールでは実名）に遠慮せず、終身刑一本でいけばいいのだ』と言っておられた」というものを仲間にメールした。それを見たフォーラムの一人が「酒の席での話を多数の人にメールするのはいかがか」と本人に忠告した。それを見た他の一人は「議連案の恩赦の問題を語ることは酒の席とはいえ大事な問題であり、それを流したことが問題とするのは言論の自由を阻害するものである」と反論した。さらにフォーラムのメンバーの一人であるSさんは「菊田先生が恩赦を削除せよというのは、本当だとするとおかしい。そもそも現行法でも死刑囚の恩赦は認められている」とまで発展してきた。

私はこの議論がメールされたことについては、さしたる問題とは思わないが、本人への忠告については賛成した。しかしSさんの批判は私の考えが理解されていない。早速Sさんだけに、なぜ問題であるかを簡略に説明しておいた。

十一日のフォーラムの会議では、Y氏のEメールの件について話題にしたが、肝心の議連案についてフォーラムとして、その法案を支持する旨の声明を出すことが望ましいのであるが、それは話題とはならなかった。私は提案しても採用されないと思って発言しなかった。そのわけは、フォーラムは昨年の夏の死刑廃止合宿で「終身刑採用に反対」の声明を出している。その事情から察すると、今さら実質的に終身刑（重無期懲役）を内容とする議連案を支持する声明を出すことはできないだろう。そこにフォーラムの限界がある。

石川顕氏は国民的な規模の集会を開き、国会での法案審議を周辺から支持することを提案している。ここでわれわれがなすべきことは、議連の法案をいかにバックアップするかにある。それには石川氏が提唱するように「死刑廃止に向けて」大同団結することである。その一里塚として議連案をサポートするという点だけに焦点を合わせ、各人の思いは別にして集合することだけに意義がある。

国民的規模の大集会は、十一月二十四日に千代田公会堂で開くことを決定した。石川氏は六月二十四日のフォーラム会議のために、さらに具体的な案「死刑執行停止法案をバックアップする市民による運動」の企画を提示した。その企画趣旨には「約半世紀ぶりに死刑執行停止関連法案が、国会に上程されることとなった。『死刑廃止を推進する議員連盟』による死刑廃止にむけてのこの動きは、世界的な潮流と無縁ではない。……こうした世界的な死刑廃止への動きの中で国会に上程された法案が立法府の中で真剣に議論され、そして法案が成立し、死刑執行が止まることを願って、弁護士、宗教家、労働組合、そして多くの市民が今年の秋、全国で活動を展開する。これにより、死刑の執行停止を願う大きな運動を展開する」というものである。

これに対し、会議である人物が、「議員連盟の法案をバックアップすることが強調され過ぎている」として難色を示した。つまり議連案は、一面において重刑罰化であるとする運動家たちの批判がある。それを含めて全面支持することに難色を示している。私はこのことで再び論議することを避け、「死刑廃止に向けて、という旗印で、いろいろの思いをもつ人が大同団結することにすればよい」と発言し、その線でおおむね一致した。

これ以降、十一月二十四日に向けて準備がすすめられる。事実上はその準備ができるのはフォーラムのメンバーしかいない。そのためにはメンバーが一致して協働できるスローガンでなくてはならない。傍にいた安田氏が「菊田さんの提案でいいではないか」と賛同し、石川氏も同意した。

もたつく議連の死刑廃止法案国会提出

「死刑廃止議員連盟」では二〇〇三年七月十七日に「終身刑導入及び死刑制度調査会設置法案」を国

会に提出することを決めた。社民党がこれを受けて六月五日、内閣法務部会が法案に賛成する方針を決めた。民主党は今後の取り扱いは枝野政調会長と千葉景子ネクスト法務大臣に一任しているが、個々の議員の法案提出参加を黙認する形をとっていると伝えられている。自民党と共産党は党としての姿勢は固まっていない。亀井会長は、残り少ないこの国会会期中に成立することは時間的に不可能ではあるが、廃案になっても次期国会に再提出するのに都合がよいとの配慮から、今国会に提出することをいったん決めたようである。しかし、その後において自民党の有力議員に打診するうちに、今日のような凶悪犯罪が多発している時期に死刑廃止法案を出すことに抵抗する議員が多く、会長は「死刑廃止法案ではない」と説得にかかったが、最終的には今国会への提出は見送った。

頓挫したこと自体には一抹の暗雲を見る。そもそも法案の提出に中心的役割を担ってきた社民党の保坂氏は、次期選挙に当選することが困難であると言われている。それはともかくも、社民党では前国会議員の辻元清美氏が詐欺罪で逮捕され、党首たる土井たか子氏も退任がささやかれるに至って、社民党は解消するのではないかとまで言われている。二十六日になって、民主党と自由党が合併する約束が成立したと報じられた。そうなると、少なくとも次期選挙後は社民党がどうなるか、いっそう分からなくなってくる。そうした状況下で法案提出はスタートしなければならない。

一方、森山法務大臣と死刑廃止の関係はどのように考えられるか。いろいろな動きがあった。その一つは、この八月に「行刑改革会議」のメンバーが外国の刑務所を見学する予定となった。私は十月八日から一週間、イギリスとフランスの刑務所を他の委員と見学することとなった。森山法相は八月にアメリカの重警備刑務所と民間刑務所を見学するという。これについて、いろいろな憶測が出た。

一つは重警備刑務所を見学することで、日本の重警備刑務所の参考にしようとするものであろうという見方である。

ところで改革の委員だけがヨーロッパを訪問し、森山氏や刑事局の検事たちだけがアメリカを訪問するのかどうかはまだ不明だった。少なくとも希望を聞かれたときはアメリカも選択の一つに入っていたが、私は別に個人的にアメリカで調査の予定がありヨーロッパを選んだに過ぎない。私は森山氏のアメリカの重警備刑務所見学は、むしろ楽観的に考えれば終身刑を中心とした死刑に代替する重警備刑務所の現実を見ておこうとする姿として捉えることも可能ではないか、と思った。

それには、もう一つのわけがある。森山氏がアメリカの刑務所を見学するについて、当地でどのような質問をしたらよいかを、われわれ委員に求めてきたことである。むろん私以外の委員も質問事項を提出すると思われるが、私はいくつかの質問事項を列挙して事務局に提出した。ここで手前勝手ながら思うことは、死刑廃止論者である私にもアメリカの重警備刑務所での質問事項を求めてきていることである。森山氏が何を考えているかの判断材料として、これは無視できないと思うのだが――。

さて、もう一つの動きだ。ほぼ三十年ぶりに衆議院法務委員会のメンバーが東京拘置所の死刑執行場を、七月二十三日に見学したことである。

われわれは歴代の法務大臣には、たび重ねて期待を裏切られてきた。国会が終わり死刑執行の危険が出てくることは、今までの経験から自然な想いである。多くの仲間もその想いが強いことは理解できる。その中でいわば一人で、今回は森山氏は執行しないと主張している。安田氏の想定が正しいか、私の想定が正しいか。私は結果がどうであれ、安田氏の予想に対する私のような立場の者がいてもおかしくないと思う。それを知らせるために「菊田メモ」を伝達した。

死刑廃止運動も一枚岩ではない。場合によっては多くの支援者を失う危険性がある。この日、民主党の菅直人氏と自由党の小沢一郎氏が話し会いで両党が合併したと報じている。小沢氏は、難局にあって強いリーダーが必要なときがあると、テレビでは報道している。菅さんとの相違をもとに二人三脚でいくと言っている。安田氏と私はそのような関係ではないか。

第六章　すべてが暗転した

森山法相が死刑を執行

九月一日は、ここ十三年にわたり毎年、この日にNYへ出かけている。本年は森山法相がアメリカの刑務所を視察して帰国し、その報告を九月七日の「行刑改革会議」でするというので、それを聞いたうえNYへ出かけることにし、九月九日に出発した。ところがNYへ着いた途端に、十二日に森山氏が在任中で三回目の死刑執行をやってくれた。一人で「決してやらない」と公言していた私の期待を見事に破った。「人間ではない」と思わざるを得ない。東京では抗議集会が開かれているであろう。帰国したら「行刑改革会議」に提出するつもりで「森山法相の死刑執行に抗議する」文章を書いた。

九月二十二日までNYに滞在し、帰国への途中カンザスの刑務所を二カ所視察し二十七日に帰国したが、森山法相はすでに退任していることを知った。私がNYにいる間に死刑を執行し、帰国したら退任しているではないか。私の留守中を狙って執行したと勝手ながら思った。

帰国の翌日に日弁連主催の「新しい行刑を目指して」のシンポに出席し、行刑改革会議の委員として発言し、翌日と六日の「行刑改革会議」分科会に出席、さらにその間には「監獄人権センター」の打ち合わせ会や大学での会議に出席するなど、時差ボケに浸っている暇もない多忙な日々を過ごし、十月八日に十日間にわたるイギリス、フランスの刑務所視察に出かけた。

森山眞弓氏

フランスは死刑廃止世界会議で、過去に訪問している。イギリスは明大の短期留学で六カ月いたことがある。それにしても今回は「行刑改革会議」の委員として公務出張であり、ビジネスクラスの座席である。アメリカ留学からの帰路の一九六四年に最初にヨーロッパを訪問したときいらい、四十年近く前も法務事務官として公務パスポートを所持していた。あれいらいである。今回は政府委員としての視察である。イギリス、フランスの刑務所は最初の視察であるが、予想どおりに「人権」においてはすぐれた処遇を施している。いまだに死刑のある日本が恥ずかしい。人権において日本は、やはり世界最低の国であることをしみじみ味わった。

十一月三日は憲法公布の記念日、文化の日である。中学生のころから何となくこの日はいいことがあるような感じをもって迎えている。本年はアイセック・ジャパン（ＡＩＥＳＥＣ）主催で〝Death Penalty in Japan and World〟という主題で集会・研究会が開かれ、外国人を含む国際会議でアムネスティの事務局長寺中誠氏と参加した。

日本および世界の死刑状況について講演したが、たまたまテーブルを回っていて、一人の若い女性が「もの心ついた頃は日本に死刑があることは何とも思わなかったが、だんだん大きくなって日本に死刑のあるのは世界的には珍しいのだと気づいて今は日本の現状が悲しい」と話しかけてきた。

討論の最後に、私はこの女性の言葉を引用し、「これから生まれてくる若者たちが日本人として意識するとき死刑のない国としての日本に誇りを持てる社会を作りあげるのが、われわれの今の義務であると思う」という意味で結んだ。

二〇〇三年十一月九日に行われた衆議院の総選挙では、予想されていたことではあるが、死刑廃止議員連盟の事務局長でもある保坂展人氏が比例区でも票が足りず落選した。さらに死刑廃止市民運動から当選してきた静岡の大島玲子氏、共産党の木島日出夫氏、前事務局長であった自由党の二見伸明氏も、民主党と合併し返り咲きを狙ったが落選し、さらに志賀節氏（元自民党）は立候補を断念し、中央政治から離れた。

死刑廃止議連の重要メンバーが、軒並み落選したのである。後日、今回の選挙で衆議院の議席が九名から六名になった社民党首の土井氏が党首を辞任し、数日後に福島瑞穂氏が党首となった。

早稲田の日本キリスト教会館で「死刑廃止全国合宿」が開かれた。この合宿は毎年一度、国内の死刑廃止運動団体が集まって死刑廃止に向けて勉強会を開いている。私はその開催のほとんどが九月に開かれることもあって（NYへ出かけるため不在）出席する機会はすくなかった。今回は翌日二十四日の市民集会にあわせてその前日に東京で開かれたので、定刻より遅れてではあったが出席した。

昨年のこの合宿では、議連の死刑廃止法案に盛り込まれた「終身刑」採用について重刑罰化であるとの抗議声明を出している。今年の合宿では議連の法案自体が頓挫しているためか、①「死刑廃止に結びつくなら終身刑導入に賛成する」、②「法案が通るなら死刑廃止への一里塚となる」といった問題提起で論議されたようである。

終身刑導入に関しては、ようやくこの程度の共通認識ができつつあるようである。途中から出席した私に「行刑改革会議」の委員として発言して欲しいと促された。

私は森山法相が九月十二日に、退任を前にして死刑執行したことの怒りを述べ、私の予想(執行できない情勢にあることを述べていた)が甘かったことを述べ陳謝した。そして「行刑改革会議」で受刑者の処遇問題を抜本的に改革する作業が続いており、そのことは当然にも死刑囚の処遇の改善に連動していることであると述べた。途中で保坂・前衆議院議員が同席し、議連法案がなぜ提出できなかったかについて説明があった。

その要旨は、①衆議院法務部会では法案の内容までは議論することなく、提出するか否かを議論した、②共産党を除く野党はすべて賛成した、③自由党は提出のみを賛成した、④自民党の一部の議員が、死刑執行停止を内容とする死刑調査会の設置に反対した、しかし法務委員会の理事(自民党)の園田直氏らは「まだ法案が提出されないのか」と法案提出を待っている様子であった。議連案は提出して廃案になったのでなくて、提出そのものができなかったのであり、修正することなく提出に努力すべきであると、述べた。

これらの発言に対し、共同通信の記者からは、①半年も空白を置いては価値がなくなる、②与党で影響力の強い公明党の力を借りる方策をとることはできないか、③調査会さえできれば内容が明白となり、死刑廃止に迫れるのではないか、との意見が出た。

安田氏が最後に、保坂氏の発言について「権力の壁はますます厚くなり、死刑を絶対に続行する意図が窺える」として保坂氏の見方は甘いとの見方を語った。

十一月二十四日（月）の祭日に「死刑廃止を願う市民集会」を「フォーラム」とＡＩの主催で東京千代田公会堂で開いた。この集会は、ほんらいであれば死刑廃止の議連法案が国会に上程されており、それを市民側がサポートする目的で開催する予定であった。ちなみにこの前日の二十三日には、日弁連が同じ趣旨で大会を開く予定であったが、急遽中止している。

こうした状況のなかで、決して意気盛んとは言えないまでも、韓国、台湾、タイから廃止運動家が参加したし、元死刑囚の免田栄氏は「無罪となったが謝罪されなかった。検察官、裁判官、弁護士が合議で釈放したが『本日釈放する』と言っただけであって、その理由は書いていなかった。死刑有罪はそのまま残っており、今は死刑囚がこの世に歩いている状態である」と語った。

知能に障害があったため自白を強要され、死刑囚として三十四年を獄中で過ごし、無罪となった赤堀政夫氏は「どうかこのような人間を再び出さないように、死刑を廃止して下さい」と大きな声で訴えた。この年九月十二日に死刑囚を養子にして支援してきた向井武子氏は「捨てられた人こそ死刑囚であり、同質の罪に生きている人間である。これらの人を生かすことなく、私たちも生きられない。死刑囚とともに生きることが車の両輪である」と静かに語った。

被害者家族ながら加害者の死刑囚の救援活動をしている原田氏など、全国から約三百六十名が参集した。韓国の李弁護士、朴君（大学院の教え子で韓国死刑廃止キリスト団のリーダー）も参加してくれた。私は、こうした参加者を前にして、当初の目的と予定が変動したことを述べた後、次のような挨拶をした（要旨）。

「今回の選挙では多くの死刑廃止論者が落選し、死刑廃止運動としては大きな痛手ではあるが、言われるごとく、二大政党化の時代であるというのであれば、われわれとしては、ほんらい議連は超党派で成り立っているのであり、死刑廃止議員が落選したかどうかの問題で一喜一憂することはない。これからの作業としては新しく当選した議員のなかから、死刑廃止の議員を掘り起こす作業をしなければならない。

いま大事なのは、法案をいかに現実のものとするかにあり、それをささえる市民活動のわれわれが法案の批判をしたり意見の対立で論争しているときではない。死刑廃止という大きな目的に向かって大同団結することである。かつては死刑存廃論の抽象的論議の時代もあったが、いまでは、いかに法案を実りあるものとするかにあるのであって、それだけ現実味をおびてきていることに思いをいたさなければならない」。

自分の現在の思いを十分に発言できたし、この思いは自分のこれからの行動をはげます思いで満足した。集会は大成功とは言えないまでも、これだけの人が集まってくれた。問題は、これから先、どのような戦術を展開するかにある。

何度も書いたが、自民党の亀井氏が議連の会長であり、浜四津氏が副会長である。連立内閣に公明党があり、この機会を逃してはならない。今回の法案提出の直前には野党のすべてが賛成し、残るは、自民党の一部だけであった。ならばその一部をくずせばよいのではないか。何とか動こう。まず思いついたのは、議員へのアンケートだった。

アンケートを実施する

早速アンケートを実施する準備に入った。今回は明治大学犯罪学研究室が主体となって実施することとした。フォーラムには積極的にやる意向が見られないが、安田氏に連絡したところ早速に「大賛成です」との返事が来た。

問題は国会議員全員を対象とするかであるが、このアンケートは単に死刑廃止の賛否を問うのではなく、議連の法案にいかに賛同してもらうかを依頼するものである。その意味では、法案提出に反対している自民党だけでよいではないか。

アンケート文の原案を作成し、安田氏に送ったところ修正案を返送してくれた。正直言ってこんなにすぐに対応してくれるとは思っていなかった。これまでにも二人だけで死刑廃止運動のあり方について話し合った記憶がない。それだけに嬉しかった。その思いを返事するなかで「近く判決を迎えるに当たって（十二月二十四日の安田裁判）、気苦労されていることは察しながらも、なんの手伝えもできない現状を不憫に思っていますが、身体だけには十分気を付けて頑張ってください」と本当の気持ちを伝えた。

アンケートは次のような内容とした。

「終身刑導入及び死刑制度調査会設置等に関する法律案」についてのアンケート

はじめに

同法案の正式名は「重無期刑の創設及び死刑制度調査会の設置等に関する法律案」であります。その要綱は、①現行法では死刑に次ぐ重い刑罰は無期懲役でありますが、ここに新たに重無期刑(仮出獄の規定を設けない)を創設し、②同法案の提出と同時に、死刑制度の存廃その他の死刑制度に関する事項について調査を行うため各議院に死刑制度調査会を設置すること、③死刑制度調査会の存続中は死刑の執行を一時停止すること、等を内容としております(詳細については同議員連盟の法律案を参照して下さい。もし必要であればお手元に届けます)。

質問

Ⅰ　あなたは同法案が国会に提出されたなら賛成されますか。それとも反対されますか(丸で囲ってください)

①賛成(この欄に○を付けた方は最後の自由記入欄に今後の扱い等について参考意見を自由に付記してください)

②反対(この欄に○をつけた方は下記の質問にお答えください)

③どちらでもない(この欄に○をつけた方も下記の質問にお答えください)

Ⅱ　前問で②または③に○印をつけた方にお尋ねします。この法案をどのように修正すれば賛成

しますか。（複数回答でもよい）
①法案の提出そのものに反対。
②仮釈放の余地がない、いわゆる「終身刑」を採用する。
③死刑制度調査会のみを発足させ法案の死刑執行停止は削除する。
④死刑制度調査会のみを設置し、3年内に結論を出すこと。犯罪被害者についての配慮を付加すること。
⑤その他。
Ⅲ　最後に、賛成、反対のいずれの方も自由にご意見をお書き下さい。
ご協力ありがとうございました。

ところで十二月二十日のNHKスペシャル「安全保障」の番組で、中曽根元総理、後藤田元副総理、大江健三郎氏らが討論したなかで、後藤田氏が大江氏とともにイラクへの自衛隊派遣に反対し、憲法堅持の説得力ある話をするのを聞いた。

後藤田氏は三年四カ月ぶりの死刑執行をした当時の法務大臣である。かつてその後藤田氏と団藤氏を柱にし、元最高検の土本武士氏、中央大学の渥美東洋氏、慶応大学の宮沢浩一氏に安田、菊田が幹事となって、広く死刑廃止の国民連合を結成しようとの計画があったが、後藤田氏が病気であるとのことで頓挫したことがある。

その時点では、後藤田氏は強固な死刑存置論者と位置づけていた。しかし、これはわれわれの一方的な判断であったのではないか。幸いにも二十二日に行刑改革会議最後の会議が開かれ、後藤田氏も出席する。これを機会に後藤田氏に、死刑について改めて話をする約束を取り付けようと思った。

十二月二十二日は、行刑改革の最終答申を法務大臣に報告する日である。同時に最終日でもあり、全委員が三分間だけ感想を述べることとなっていた。多くの委員は八十点の出来であるとして自己採点をしたが、私は一見したところ八十点の出来だと思ったが、よくよく検討してみると、せいぜい六十点程度だと発言した。事実、刑務所職員の団結権についても「公務員全体のなかで将来的に検討されるべきである」にとどまったし、第三者機関の設立も不十分なものである。

会議の終了後に、この日は法務省主催のパーティーが開かれた。会議終了とともに後藤田氏が席を離れたので近寄ったところ、彼の方から挨拶してくれた。早速に「死刑廃止運動の菊田ですが」と言ったところ「死刑については、法制度として……」と話しかけたので、「今、ここでその話ではなく、改めてお会いしたい」と言ったところ「いつでも会います」と言ってくれた。その後にパーテイーの準備前にくつろいでいた後藤田氏の傍に、予期しない機会となり座ることができ、雑談することができた。私はNHKでの発言がすばらしかったこと、感銘したことを話した。彼は「中曽根内閣の間で、憲法第九条と自衛隊の二つの問題は最後まで意見の一致しない課題であった」と述べた。私はこのことを聞いて近いうちに彼に会うことがどうしても必要であると確信した。パーティーでは野沢法相とも二人だけで話す機会があったが死刑については話すことを避けた。早めに帰宅し、その旨を安田氏に早速連絡しておいた。なお、行刑改革会議の成果は「行刑改革会議提言――国民に理解され、支えられる刑務所」（二〇〇三年十二月）として結実した。

明けて二〇〇四年一月二十日、午前十時に大学へ院生に集まってもらって、かねて準備していたアンケート用紙や封筒の印刷を手早くやり、議員会館に向かった。そのアンケート依頼の封筒には菊田幸一著『今、なぜ死刑廃止か』（丸善新書）を衆参両院議員全員に謹呈することとして同封した（七二五冊）。どれだけ回収できるかはともかく、一人でも議連案に賛同する人を掘り起こさなくてはならない。その資料づくりだ。

七名の男女院生諸君がよく手伝ってくれた。衆議院第一会館には山花郁夫氏がいる。予約もなく受付で電話したところ、問題なく彼の部屋に通された。ドアを開けた途端、亀倉さん（保坂前代議士の私設秘書）が顔を出した。一昨日から山花氏の私設秘書として採用されたという。主として死刑問題を中心に、国会議員の間で働いてもらうために採用してくれた。どうやらわれわれが人件費を負担しなくとも、よいようである。二百通余りのアンケート用紙と謹呈本をまとめて持ち込み、みんなで手わけして配布した。その間に私は山花氏に、次週に後藤田氏に会うことなども伝え、アンケートの回答ももらった。

第二議員会館でも出会いがあった。院生の一人が弁護士事務所にアルバイトで働いていたが、その弁護士が今度の選挙で民主党から当選したという。辻恵氏だ。早速に部屋に電話してくれ、通されて挨拶した。アンケートに早速、法案賛成の返事を書いてくれた。

参議院は福島瑞穂氏がいる。その秘書の二人（末広哲氏、島津氏）とは親しい間柄だ。福島氏がちょうど出かけるときで、われわれ七人を部屋に招き入れ、彼女の近著『刑務所の話』を一人ひとりに謹呈してくれた。

かくしてアンケートの配布は予定通りに終了した。議員会館地下の売店で新議員の名簿を掲載した手帳を購入した後、赤坂まで出かけて、私のなじみの店でアメリカン・ステーキを院生たちにサービスした。後は返答を待つばかりである。名簿から回答者を一人ひとりをチェックし、無回答者には催促もしよう。

アンケートの締切日を一月末日としたが、それまでに回答のあったのは、たったの十七通であった。これで引き下がるわけにはいかない。大学からＦＡＸであらたに質問事項も添付し、再三にわたり回答を要請した。ようやく三月末になって六七三名のうち一七九名（二六・六％）から回答を得た。市民のアンケートにはこの程度しか回答がないのか。愕然としたが仕方ない。なかでも死刑廃止議連の亀井会長からも回答がない。また現に議連の顧問である土井たか子氏からは、代理人を通じ「死刑には反対だが、法案を読んでいないので回答できない」ときたのには驚いた。

しかし法案に無条件で賛成が六九・三％、反対が一六・八％、その他は「どちらでもない」であった。むろん、これだけでは何ら評釈できない。ただし、一七九名のうち「法案提出そのものに反対」は十八名だけであった。そして回答者からの推察からは、民主党の大半が賛成、公明党、共産党、社民党は多数が賛成であり、問題は自民党だけにあることがはっきりした。また回答者の半分以上の方が自由記入欄で、はげましや、私的見解などを書き込んでいただいた（詳細は『ＮＣＣＤ』第三〇号で報告した）。

しかし、このまま議連案を法案として提出できるとは思えない。そこで「終身刑を創設し、死刑制度調査会を設置する」、または「死刑制度調査会のみを設置する」ことから死刑制度への国民的関心を呼び寄せる方策に出るしかないと思うようになった。

後藤田正晴氏と会う

一月二十九日、かねて約束していた後藤田氏と会うために昼に安田氏と会い、昼食をともにしながら戦術を練った。私は、あらかじめ「死刑問題に関する国民会議」なるものの構想案を彼に送っておいた。この構想自体が、もともと安田氏がかつて発案したものであったが、頓挫していた。その理由というのは、当時、最後の時点で安田氏が後藤田氏宅に電話したところ「そのような話は聞いていない」という奥さんからの返事で、すべてが終わったようである。今回はその再開である。

後藤田正晴氏

麹町の後藤田事務所に午後二時ちょうどに訪問し、後藤田氏は心よく応対してくれた。安田氏が「死刑制度の今後について、お力添いを願いたいので」と訪問の目的を告げると、自らの死刑に対する考えを「私は現実主義者であり、法が現にあるうえは死刑を執行するのが法務大臣の役割と心得執行した」と述べ、当時死刑執行を三年四カ月ぶりに再執行した心境と、それまでの四人の法務大臣が執行しなかったことの不合理を淡々と語った。さらに「死刑執行に署名するに際し、①当該事件を最初から否認していなかったかどうか、②現在の精神状況に異常がないかどうか、を事務当局に確認し、やむないものとして署名した」とも述べた。

後藤田法相が執行した三人のうち、一人は精神錯乱の人格であったし、他の一人も精神に問題があったことを安田氏が説明すると、そのような事実は当局者は知らせてこなかったことを話した。このことを取り上げても、日本では処刑直前の死刑囚がどんな精神状況にあるかについて、法務大臣自体に知らせない現状であることが明らかとなった。

また後藤田氏は、死刑執行書については会議室に法務大臣以下の関係責任者が一堂に会し、その場で書類に署名するので、一人で反対することはできない雰囲気であることも話した。この事実から、これまでは書類が関係部署に回されて印鑑を押すものと推察されていたが、そうではないことが分かった。私は、今日訪問した直接の目的は、死刑廃止という端的なことではなくて、死刑について国民的視野にたって再検討するための「国民会議」なるものを創設し、その柱として後藤田さんと団藤さんを立てたい、そのお力をいただきたいのだと述べ、国際状況やアジア諸国の状況、そして議連の法案ができていること、国内の宗教界、弁護士会、市民団体などの動きから、それを総括する意味で「ひろい見地から」国民会議を創設し、可能なら、まず「死刑問題臨時調査会」なるものを衆参両院で作るべきであるとの提案を出すようなものを考えていると話した。

後藤田氏は、「死刑問題についてそのような議論をすることは大いに賛成である」としながらも「自分は今、実は死刑について書いたことで告訴されている。そのような状況のなかで、菊田さんと一緒に名前を出したなら世の中の人はびっくり仰天しますよ」と笑いながら簡単に承諾できない心境を語った。その告発問題というのは、実はわれわれの仲間がやっていたことでもある。

第七章　弁護士として運動に参画する

弁護士登録

私は二〇〇四年を最後に、大学を定年（七十歳）で退職した。この先どうするかを考えた。犯罪者問題を専門としてきた自分にとって、今後役立つことは、多くの弁護士が手がけられないでいる犯罪者、とくに死刑囚をはじめ受刑者の弁護活動を、余生においてやることが求められているのではないか。

そもそも受刑者は、家族以外は弁護士にしか連絡できない。その弁護士がいないのだと、仲間からそのように言われたこともあって、二〇〇三年七月に第二東京弁護士会へ登録申請をした。幸いにも同会は九月に承認し、日弁連に進達してくれたが、日弁連の審査が長期にわたった。ようやく二〇〇四年三月二十三日に、登録が承認された旨の電話を弁護士会からいただいた。これで、これまでの理論を踏まえ、実務で仕事ができる。推薦してくれた海渡雄一弁護士と安田氏に早速知らせた。

一九九〇年にコロンビア大学のロースクールの客員になっていらい、毎年九月をNYで過ごすのは二〇〇四年で十五年目である。出発の数日前、フォーラムの会議でその挨拶をしたところ「いつも菊さんのいないときに死刑執行があるんでね、困った」と安田氏は独り言を言った。案の定、九月二日に退任前の法務大臣がこともあろうに、死刑確定後二年にも満たない宅間死刑囚を処刑した。九月十九日に開かれる抗議集会のためにNYからメッセージを書き送付したのだが、文字がバケて役立たなかった。その文面は次のようである。

死刑執行抗議集会へのメッセージ

菊田幸一

本日、二人に死刑執行があったことを知りました。私は毎年九月は仕事のため止むを得ずニューヨークに滞在するため、本年も抗議集会に出席できず残念です。せめて当地で考えていることを集会で披露していただき、何らかの参考にしていただければ幸いです。

とはいえ、特段に目あたらしいことを申しあげるわけではありません。死刑の執行、それに対する抗議という、いわば恒例化した中での集会であってはならないわけで、この執行を足場として死刑廃止へ一歩前進を図るには今、何が必要であり、何が可能であるかを改めて考えたいと思います。

そこで当面の課題としては、死刑廃止議員連盟が次期国会に提出しようとしている死刑廃止法案をこの先、どのようにサポートしていくかにあります。その具体的な内容については、すでに公表されている法案そのものなのか、それに修正を加えたものなのかは、現在の私の知る由もありません。いずれにしても同法案において中心の課題は、いわゆる終身刑のあり方にあろうかと思います。ところが、この終身刑のあり方についてはフォーラムにおいてすら多様な議論があって、一致していないことは周知のとおりであります。私は、仮釈放のない終身刑を終始主張しています。しかし、ここでその論拠を繰り返すつもりはありません。

ここで参考までに申しあげたいことは、ご承知のように、欧州評議会では死刑廃止を推進するとともに、死刑の代替刑としての仮釈放のない終身刑についても消極的であります。日本で終身刑採用に批判的な人は、欧州でも消極的であることを取り上げることがありますが、それは短絡的な見方であって、欧州評議会が消極的である理由の一つとして、アメリカ・ニューヨークでの九・一一事件以降において、テロの被疑者がアメリカ以外の国、とくに死刑廃止国で逮捕されたときアメリカに被疑者を引き渡さない条約の制定がすすめられています。ところが死刑該当であれば引き渡しに応じないが、終身刑該当であれば、それに応じるかと言えば、それは人道的にできない事情があります。そのような背景から欧州評議会では終身刑にも反対せざるを得ないわけです。

ここで認識しておかなくてはならないことは、犯罪人引渡条約を締結しようとしている国自体が、すでに死刑廃止国であることです。たとえばメキシコは死刑を廃止しており、犯罪者引渡法の協定に対し、少なくとも仮釈放の機会がある終身刑を前提にしなければ、容疑者を引き渡さない条約の締結交渉をしております。死刑のない国においては、終身刑が極刑であり、何らかの仮釈放付の終身刑をすでに採用しているためです。

死刑のある日本が死刑のあるアメリカに、テロ容疑者を引き渡すことには何の抵抗も必要としないでしょう。日本には死刑があり、それも本年一月までの欧州評議会でのモラトリアム勧告期限が切れても恒例として死刑を執行している国です。その日本において、今大事なことは、まず死刑執行のモラトリアム実現の手段として終身刑を声高らかに主張することです。そのことが議連案をも現実のものにする近道であることを改めて申しあげたいのです。

三年前の九・一一事件当時もNYにいました。三年目のセレモニーも見聞をしました。そのなかでもテレビでは「ブッシュが私の息子を殺した」と報じています。欧州諸国はアメリカを冷ややかに見ていると、私は思います。欧州評議会のモラトリアム提言をアメリカに先んじて実現することが今や韓国、台湾についでの、アジアにおける日本の役割であり、その緊急性を訴えるためには、終身刑の採用とモラトリアム実現の声をあげたいと念じています。

日ごろ十分な活動もできない私ですが、フォーラムの皆さんの活動には日ごろより畏敬の念でいっぱいの心情であることをあえて披露させていただき、メッセージとさせていただきます。

九月二十四日、NYを後にしてパリ経由で十月一日に帰国したが、パリでは私費留学生で長期パリに滞在し、日本の死刑について学位論文の準備をしている小島良子さんと夕食をともにし、死刑論議に終始した。十月四日からカナダのモントリオールで開かれる第二回死刑廃止世界会議のため、当地パリに本部を置く同会議の執行部はみなさんカナダに出かけていて不在である。会長のトーブ氏とは、言葉の行き違いから論議したことがある。機会があれば会うつもりでパリに来たが、それは実現しなかった。

帰国後の十月十一日は、カトリック東京司教区の主催で「正義と平和」全国集会が東京カテドラル聖堂で開かれ、以前からの約束で「日本と世界の死刑制度の現状について」講演した。その締めくくりとして、やはり終身刑の採用について強調したが、講演が終わって、私の意見に賛成だという婦人から共鳴の声を聞き満足した。

この十月には、日本弁護士連合会は九州で九日、十日にかけて死刑制度についての大会を開いている。しかし、私のような具体的な決議はおそらく出ていないだろう。その辺に今一歩踏み込まねばならない課題がある。議連案もその類である。同大会には積極的に出席する気になれずに東京で過ごしたが、やはり出席してフロアからでも自説を展開すべきだったと後悔した。

これまでの記述いらい数年が過ぎた。二〇一〇年五月十九日に、前任者の鳩山邦夫法務大臣に続いて、千葉法務大臣とも会うことになった。死刑廃止運動を通じて仲間意識がある千葉景子氏が法務大臣に就任したのは、願ってもないことである。安田氏らと数人で法務省の大臣室で大臣就任を励ます意味で会ったのだが、個人的には「憲法問題調査会」と類似の「死刑問題調査会」、その名称が不具合であれば「刑罰問題調査会」なるものの設置を願いたいと進言した。

その背景には、千葉法相はまさか執行しないだろうが、大臣が代わった後で次の大臣が執行しない何らかの措置をとっておいて欲しいとの意図がある。彼女はその進言をただ聞いていた。ほんの四～五分であった。帰りがけに、とくに私に「これまでにいろいろ指導いただきありがとうございます。これからもよろしく」と話しかけてくれた。

その彼女が七月二十八日に、二名の死刑執行をしたのだ。

八月二十七日、法務省刑事局より法相の「死刑問題勉強会」に有識者として出席して欲しいとの連絡が入った。どういうわけか、このような連絡があることを予想していた。勉強会の第一回目のトップに発言する機会を与えてくれた。いつものNY出発を延期して、これに備えた。

江田五月氏が法相に

千葉法相の後を受けて、参議院議長を歴任した江田氏が新法相に就任した。彼は一九九三年三月、後藤田正晴法務大臣が三年四カ月のモラトリアムを破り三人の死刑執行をしたことに対し、私が明大大学院前でハンストをしたとき、議院内に「死刑廃止議員連盟」を発足させるから、それを契機としてハンストを止めてくれと、大学院の玄関受付へ電話をかけてきた人物である。

彼は在任中、死刑執行をしなかった。その後の平岡秀夫氏（民主党・弁護士）も、次に就任した杉浦正健氏（自民党・弁護士）も執行をしなかった。二〇一一年は十九年ぶりに一年間死刑執行がなかった。

二〇一一年七月十八日、日弁連では人権大会を機に「死刑執行停止」に向けて準備している。そのなかの一人、二〇一二年新年早々の野田改造内閣で就任した小川敏夫氏は、就任のあいさつで「つらい職務であるが職責を果たしたい」と談話で語り執行をほのめかした。

二〇一二年二月六日、日弁連「死刑廃止検討委員会」に出席した。この会議は日弁連が昨年末（二〇一一年）第五十四回人権擁護大会宣言（高松市）で「死刑廃止に向けて」を明言したことにより、発足したものである。その委員長に加毛修氏が就任した。同氏は行刑改革会議いらいの知人である。

死刑廃止検討委員会（以下、委員会）では、二〇一六年第五十九回人権擁護大会（福井市）で「死刑廃止宣言」を採択するよう準備している。著者からすれば考えられないことであるが、日弁連はこれまでに連盟として死刑廃止を公言していない。ようやく二〇一一年の第五十四回人権擁護大会で「死刑廃止についての全社会的な議論を呼びかける」宣言をしただけである。まるで他人ごとの姿勢を宣言したにすぎない。ともあれ、この宣言を契機に日弁連内に死刑廃止のための委員会が設けられたのである。

二月六日の会議には、朝日新聞に掲載された「私の視点」がコピーして配布された。元法務大臣の杉浦氏が顧問に就任し、加毛氏が私を紹介してくれた。五時間におよぶ会議は有益であり発言もしたが満足したわけではない。

じつはこの日弁連の委員には、日弁連会長委嘱の委員が何人かいる。安田氏もその一人であるが、私もその中の一人として委員任命された。しかし先の第五十四回人権大会での死刑廃止宣言に至るまでは、日弁連は死刑廃止について積極的な行動をしていなかった。同大会の宣言以後に設置された死刑廃止検討委員会では、加毛委員長のリードのもとで毎回百人ほどの委員が全国の地区弁護士会から出席し、盛んな論議がなされている。

一方、安田氏をリーダーとする民間の死刑廃止フォーラムでは、次のイベントをどうするか等の論議が優先し、死刑廃止への論議は、ほとんどなされない状態が続いている。死刑執行があるごとに抗議集会を開き「死刑執行に抗議」をするが、この先どのようにして廃止への運動を展開するかの前向きの論議はほとんどなされないと言ってよい。

私は機会あるごとに、廃止論者だけが仲間で集会を持つのではなく、そのような時間があるなら、「死刑存置論者」と論議する努力をすべきだと主張している。しかしフォーラムの中では、この発言は無視されたし、このような発言を不快に思う者さえいた。

しかし、日弁連の委員会での盛んな論議に参加するに至り、今となっては、この委員会を拠点とし、日本の死刑廃止運動を展開することが必要であると強く感じ、出席することとした。

会議では、①国会議員・法務省・裁判所対応チーム、②死刑確定者援助事業検討チーム、③世論調査検証チーム、④広報チーム、⑤法理論検討委チーム、⑥死刑廃止検討戦略チームの六チームに分かれ、分担することとなった。私は戦略グループに自ら望んで加入させていただいた。それは死刑廃止には、死刑に代替する終身刑の導入が必要であり、日弁連がこれを推進するよう働きかけをしたいとの意図があった。その伏線は委員長の加毛氏との接触で、彼が終身刑導入に積極的な意見をもっていることが分かったことにある。

委員会では、隣国の韓国が死刑執行を停止して十四年以上を経過し、国連では事実上の死刑廃止国に名を連ねている。その死刑廃止法案は、韓国では未成立ではあるが、代替刑として仮釈放のない終身刑を採用している。そのような韓国での死刑執行停止の実情を、見学する案が同委員会で出た。これは望んでもいないことであり、それにいち早く参加することを申し出た。

二〇一二年六月三日から六日にかけて、韓国への調査旅行が計画された。同行者は、杉浦正健、平岡秀夫元法務大臣をはじめ、加毛委員長や小川原優之事務局長ら十四名。毎日新聞や共同通信の記者も同行することになった。

韓国への視察旅行

二〇一二年六月三日から六日まで、韓国の死刑問題を調査するため日弁連の「死刑廃止検討委員会」が派遣する委員の一人として参加した（調査団十四名、同行者四名、通訳二名）。杉浦正健、平岡秀夫ら元法務大臣も同行した。

個人的には、韓国死刑廃止検討委員会（現在は名誉会長）の李相赫弁護士との長年の共同作業で昵懇であり、現在の韓国での死刑運動の中心的役割を果たしている朴乗植東国大学教授は、私の大学で学位をとった弟子等と親交がある。

韓国は終身刑を採用（法案）し、この十四年にわたり死刑執行停止状態が続いている事実上の死刑廃止国である。この機会に同国がいかにしてこのような状況を作り上げたか、実際を見聞することは不可欠である。

三日間という短期間のなかで法務部、ソウル拘置所、国家人権員会、憲法裁判所、大韓弁護士協会、国会議員らとの懇談など、過密な日程であったが、とくに朴乗植教授が東国大学で二時間にわたり韓国での死刑廃止運動の経緯と現状を、世論の厳しさ、被害者支援活動、終身刑の採用（法案）等について述べた。その講演の内容が、参加者の多くに深い印象を与えたが、「日本（明治大学）へ留学し、菊田教授の指導を受けたことが、死刑廃止運動の原点となった」と述べてくれた。

韓国が事実上の死刑廃止国になった背景には、

（1）金大中（元死刑判決を受けた人物）が一九九八年に大統領に就任したこと。

（2）ＥＵとの「刑を言い渡された者の移送に関する条約」（ＣＥ条約、一九八五年）に加盟し、同引渡条約第十一条（死刑）は、犯罪人請求国が被請求国に対し、死刑が執行されないことを信じる保証を提供しない限り引渡請求を断ることができる。

（3）藩基文国連総長の就任（二〇〇七年）により、国連の姿勢に逆らって総長出身国の韓国が死刑執行することはできない。

（4）カトリック教徒の長年の死刑廃止運動の成果。

（5）かつての独裁政権時代に不当な刑罰を受けた多くの人物が、現在は政府の要職にあり、死刑囚をはじめ一般受刑者の処遇の改善をもたらした。

（6）死刑囚で刑務作業を希望する者は、一般受刑者と同一の作業に従事している。彼らは拘置所ではなく刑務所に収監され、昼間は工場で一般受刑者並みの作業をしている。仮に死刑執行となれば拘置所へ移送しなくてはならないが、そのようなことが想定されていない。

韓国では、法制度として死刑廃止が実現しているわけではない。そこで死刑執行の復活を危ぶむ見解もあるが、右記の背景のなかで大統領が代わっても死刑執行が事実上不可能な状況にある。とりわけ多くの市民が死刑存置であるにしても、凶悪な犯罪が発生しても死刑を具体的に想定する状況は、ながい死刑執行停止の間に生じていない、との指摘がある。

ひるがえって日本はどうか。韓国の廃止への道には、偶然と思われる要素もあるが、それを単なる偶然と見るか否かは異なる。偶然とはいえ、その偶然を生み出した要因があることも否定できない。わが国でも免田事件（一九八三年）いらい財田川事件、松山事件や島田事件などの冤罪が確定した時点で、死刑廃止がなぜ進展しなかったか。イギリスのエバンス冤罪事件が同国の死刑廃止につながったことと合わせると、単なる偶然を掴みとれなかった死刑廃止論者への批判は免れないだろう。とはいえ、問題はこれからの課題である。韓国の動きに学ぶべきと、報告書「死刑廃止への戦略——韓国の死刑状況を視察して」を執筆した。

それに先立ち二〇一二年八月二十九・三十日に予定された夏期合宿（東京）での一日目に「終身刑に関する論議と質疑応答」の場で、私が講演（「死刑廃止への道——終身刑の課題」）する機会があたえられた。

委員会では、終身刑の採用に真剣に取り組むこととなっている。ところが海渡雄一、田鎖麻友子弁護士らは、終身刑の採用に反対している。その田鎖氏が「死刑を廃止した後に終身刑を採用すべきだ」と発言したことについて、「そんな夢ごときが実現できると思っているのか」と叫んでしまった。

その講演には、犯罪学の盟友である西村春夫元国士舘大教授も聴きに参加していた。講演を終えた後の休息時間に彼は「同じ監獄センターで協力して仲間同士で、あんな発言していいのか」とたしなめてくれた。

当日午後一時から四時三十分まで、この講演を素材として終身刑に関する討議がなされ、「仮釈放のない終身刑を導入することが検討されるべきである。死刑制度が廃止されるまでの間、死刑の執行は停止されるべきである」とする趣旨の決議がなされた。

ここでは、終身刑の導入を検討している間は、死刑執行が停止されるべきである、との基本姿勢となっている。日弁連、同委員会のなかでも終身刑をどのように採用するかについては賛否両論が拮抗している。私は「終身刑の議論をする間は死刑執行を停止する」ことは不可能との意見である。ます執行停止があり、そのなかで終身刑の論議をするなど夢物語である。執行停止を求めて終身刑を採用するしかない。

とはいえ、最終的には、上述のような「終身刑を検討している間は死刑執行を停止する」申し合わせの結末となった。個人的には大いに不満であるが、ともかく終身刑の実現に向け日弁連が積極的に主張すること自体を優先する必要があると判断し、あえて反対論は述べず途中で退席した。

安田氏は終身刑の導入で、私の意見と一致している。しかし日弁連の委員会にはほとんど出席しない。彼は終身刑の導入が私たちの意図で採用するような方向で委員会がすすめるはずがない、との見通しを持っているが故に出席していないようだ。しかし、その気持ちを理解しないわけではないが、目的を達成するには、その段階に応じ前向きに努力と協力をする必要があるのではないか。その前段階で妥協したと思われてもそれを避けることは得策でない、という選択を私は持ちたい。

谷垣氏の法務大臣就任

二〇一三年の新年が明けて、安倍内閣が誕生した。その法務大臣には谷垣禎一氏が就任した。じつは谷垣氏とは面識がある。二〇〇〇年十月十日に与党三党（当時、自民、公明、保守）が「終身刑プロジェクト」を発足させた。その発端は、公明党の浜四津敏子代表代行の呼び掛けで「死刑に代替する終身刑」を、まず公明党内で議論し、それを基に与党三党に提議して発足させたのだ。

同プロジェクトチームの座長に谷垣氏（当時・自民党司法制度調査会会長）が就任した。座長以外は、各党から二名が参加し、九回の会合が開かれた。著者は浜四津氏の要請で、この会のすべてに出席し、最終日に「いま、なぜ終身刑か」を話す機会が与えられた。谷垣氏が終身刑導入に尽力した事実がある。

その谷垣氏は、法相に就任した直後の記者会見で死刑執行に積極的な発言をしていたが、就任後二カ月余りで三名を執行した（二〇一三年二月二十一日）。

谷垣氏は、安倍内閣成立前の自民党総裁であった。その総裁が安倍内閣の法務大臣に就任すること自体が異例とされた。それでは何故、彼が法相就任を受理したのか。ちまたでは、終身刑を実現し、死刑制度を見直すため死刑に反対している法相経験者の強い要請があった、といったまことしやかな話も出ていた。死刑廃止論者の千葉景子氏に裏切られたことは前述した。予想されただけに自民党の谷垣氏に裏切られたとの思いはないが、またしても政治家に死刑制度を委ねることは不可能だとの思いをつよくした。

日弁連の「死刑廃止検討委員会」の委員を中心とする約二十名が、死刑執行の翌日、二月二十二日から三月一日までの予定で、終身刑を採用し、死刑が減少しているテキサス州を調査することとなっ

袴田巖さんと姉の秀子さん

た。参加者のなかには元法相の杉浦正健氏、朝日新聞論説委員・野呂雅之氏らのほかに、直前に参加を辞退した安田氏に代わって事務員の高田さんがフォーラムメンバーとして同行した。

袴田巖さん　再審開始決定

三月三十一日、静岡地裁が袴田さんの再審決定を発表した。彼の身柄も即日釈放された。袴田事件については日弁連が支援し袴田弁護団が結成されていたが、私はその弁護団とは別に「袴田さんを支援する会」（会長・門間正輝）の顧問弁護士として、これまでに年に二〜三回、再審を求める署名を集め静岡地裁に提出してきた。

この会の会長の妻である門間幸子さんから依頼を受け、顧問弁護士になったものだ。実は、この会の顧問には阿部治夫弁護士が就任していた。阿部さんとは私が法務省法務総合研究所研究員であったときに検事であった彼と知己を得た。その後、彼は弁護士時代の一九七〇年ごろ「日本自動車ユーザーユニオン事件」の恐喝未遂で有罪（執行猶予付）となり一時弁護士資格を剝奪された（その後に恩赦で弁護士復帰）。その時のユーザー事件につき外国の裁判資料を間接的に入手する手助けをしたことがある。彼は弁護士に復帰したとき「袴田さんを支援する会」の顧問となられた。彼の死去にともない、その後任に就任した。

袴田さんは再審決定されたが、決定と同時に身柄も東京拘置所から釈放された（二〇一四年三月二十七日）。この身柄釈放は、本体である袴田弁護団（団長・西嶋勝彦弁護士）も予想していなかった。実は、「救う会」では、単に署名提出だけではなく、再審証拠の調査も実施していた。

同会の会員である白砂巖氏は、法律の専門家ではないが、緻密な検証を得意としている。その彼が仕上げた再審資料を静岡地裁へ当職の名前で提出していた。

死刑囚の情報収集を実施する

谷垣法相は在任中に、十一名の死刑を執行した。平成二十六年八月二十九日に二名を執行した談話の中で、同法相は「今後はたとえ再審請求中でも執行の可能性をもっている」との発言をした。これまでは慣例とはいえ、再審請求中の死刑囚は、執行を基本的に回避してきた。

そこで、一つの方針が生まれた。現在の死刑確定者全員が再審を申請しているか否かを確認すること、再審をしていない死刑囚には再審を促し、弁護士を紹介して、その手続きをしてやる必要がある。そうすれば理屈上は、死刑執行ができなくなるのではないか。

そのためには、まず死刑囚の情報を集める必要がある。フォーラムのメンバーが中心となって実施した死刑囚へのアンケートで一応の確認はしているが完璧ではない。また日弁連でも死刑廃止検討委員会で若干のデータを収集しているが、これも断片的に過ぎない。そこでフォーラム内でこの作業を地味にやっている数名の人物と日弁連の関係者が集まり、この情報収集に協力する必要がある。

そんな思いから、関係者に声をかけてきた。幸いにも日弁連の死刑廃止検討委員会事務局長の小川原優之氏、救援連絡センターの菊池さよ子氏、フォーラムで中心的に死刑囚の個別情報を集めているインパクト出版会社長深田卓氏、同じくフォーラムで裏にあって手伝いを長年してくれている国分葉子さん、深瀬さんら重要メンバーの同意を得ることに成功した。

その第一回の会合を七月四日に、東銀座にある小川原弁護士の事務所で私を含め予定の五人が集まった。この情報収集の必要性を長らく考えていた私としては、このスタートにともあれ満足した。

しかし実際には困難な課題もある。まず月に一度の会合をするとのことであったが、それでは日々変化する確定死刑囚の動向を確認するには不足である。そもそも現に再審請求中の死刑囚が棄却された直後に執行されている現状では、当面の課題は全死刑囚のうち誰が再審請求をしていないか、その事情はどういうことかを確認しなくてはならない。その程度のことはこの委員会でも不可能ではなく、月一度の会議でも情報を持ち寄り確認作業をした。

しかし私の仕事は、もっとリアルな情報を毎日確認することだ。ところが第一回の会議でも約束ごとは、会議で作成された資料の持ち出しを禁止し、幹事（小川原氏）の事務所に保管するとのことであった。その理由として再審担当の弁護士が受任している事件の情報を、知らせたくない場合があるからだとのことであった。その理由は理解できるが、委員となった五人もその情報を持ち帰れない、ということは自宅での点検もできない。何よりも、その五人の誰かが情報を漏らすことがある、との推察自体が信じられない。重なるコピーの依頼は他の委員全員から拒否された。

私は個人的にも危険な状態にある死刑囚とその弁護人への確認、あるいは再審を拒否している死刑囚に面会して弁護人を付ける話をしたいと思っているが、その具体化ができないでは、情報室の役割は半減する。そもそも一～二カ月に一度の会合で情報を持ち寄るだけでは、肝心な執行阻止は困難ではないか。

その危惧は意外と早く訪れた。しかも、当委員会の幹事を依頼した小川原弁護士が受任していた死刑囚が処刑されたのである。

二〇一四年八月二十九日に執行された二人のうち、小林光弘（仙台拘置所、武富士放火事件、五十六歳）は、小川原弁護士が再審申請したが、棄却され八月六日に特別抗告も棄却され、さらに新たな再審請求を準備する目的で本人と面会予定の前日八月二十九日に執行された。小川原弁護士の話では、仮に七日または八日に再審を請求していても八月二十九日に再審請求中でも執行をした可能性があると語っている（「FORUM90」第一三八号）。

しかし八月八日に再審請求していたなら、同月二十九日まで二十日間ある。必ずしも阻止できなかったものではないのではないか。この点についてはさらに検証する必要があり、同弁護士も「申し訳ない、油断だったかも知れない」と言っている。むろん本人の責任とは言えないにしても、本委員会を発足させた間もなく執行が阻止できなかったことの要因を分析する必要がある。少なくとも再審請求棄却直後の再審申請を、物理的に可能とする心構えが必要であるが、当委員会の現状では無理だ。次の会合でこの点について議論をする必要が求められた。

二〇一五年十二月一日、小川原事務所で情報交換会議が開かれた。この会議では当面の課題として、再審のための弁護士が付いていない死刑確定者の確認作業をした。その作業の結果、六名の死刑確定者の特定をした。それによりこれらの死刑囚に弁護士が付いているか否かを小川原弁護士が関係者に問い合わせる作業をしてくれた。その結果、一人の死刑囚については弁護士が判明したが、他の五名については確認できなかった。

これを知って、せめて東京拘置所にいる二人について、直接面会して状況を聞くことを提案した。むろん面接が実現しても、実際に弁護士が担当できるまでには日時がかかる。しかし面接だけでも実施しなければ、と思っている間に日々が過ぎていった。十二月の死刑執行の可能性があると関係者の間では知らされた。

そして十二月十八日、関係者のメールで東京、仙台両拘置所で二人に死刑執行があったことが報じられた。そのうちの一人は、情報交換会で特定していた人物であった。東京拘置所の津田寿美年である。第一審で死刑判決を受け弁護人が控訴したが、自らそれを取り下げ確定した人物であった。われわれが死刑執行の危険性が高いと読んでいた五人のうちの一人である。十八日の夜は、参議院で午後五時から恒例の死刑執行抗議集会が開かれ、フォーラムは赤坂の港合同法律事務所で今後の抗議集会の準備会を開いたが、私はそのいずれにも出かけなかった。

理由はこれまでに述べたように、死刑執行と抗議集会の繰り返しで、なんら成果を上げていないからである。むろん抗議集会のすべてが無駄だとは思わないが、自分にはなすべき大事な仕事がある。その思いを確認するために、この文章を自宅で書いている。

やはり今回の死刑執行でも、現状では再審をしていない死刑囚から処刑している。ならば再審をしていない死刑囚をなくせばよい。死刑情報会議はそのためにスタートしたのだ。これを確実に遂行することが当面の課題である。次回の会議では、この点について具体的に可能な手段をどうやって実現するかを提案したいと強く思った。

くしくも、この日（二〇一五年十二月十八日）の週刊法律新聞に、私が書いた「弁護士会と死刑廃止」とのタイトルの論文が掲載された。

二〇一四年三月号の『世界』には、著者の「終身刑導入と死刑制度の行方へ――どう廃止させるか」が掲載されている。著者にとって思い出となる論文であり、わが国における革新的論調をリードする雑誌『世界』に掲載されることは初めてでもあり、感激であった。同誌では、韓国、アメリカ（テキサス、ニューヨーク州等の視察）の終身刑がどのように採用され、死刑廃止に向かっているかについて論じていた。

公明党との折衝

公明党とは前参議院議員の浜四津敏子氏と親交があったが、同党は党内で「死刑制度勉強会」を設置した。その中心となっているのが衆議院議員の漆原良夫氏（公明党中央幹事会会長）である。衆議院会館で委員長ら数名とともに、漆原氏ら公明党関係者と会議を開いた。

その結果は、公明党として死刑問題に積極的に取り組みたい、ついては日弁連と連携を深めたいとの意向であった。余談ながら漆原氏には初めて会ったが、明治大学卒業の弁護士であり、著者の犯罪学の講義も聴いたことがあるとのことであった。創価学会の池田大作氏はトインビーとの対談で死刑廃止論者であると語っており、漆原氏の話では公明党議員の全員が死刑廃止であるという。

与党である公明党の存在が死刑廃止にとって重要であると以前から関心があったが、直接の動きはなかった。この先公明党が積極的に動くことは、大いに力となることは間違いない。とくに、ひろく刑罰問題を対象とする研究会を議院内で開始して欲しいとの私見を強調しておいた。

死刑のない東京五輪へ

二〇一五年十月三日午後、フォーラム主催で「世界死刑廃止デー企画」として「響かせ合おう　死刑廃止の声　2015」が渋谷区文化総合センターで開かれた。その副タイトルは「法務大臣にできたこと／できなかったこと」とあり、杉浦正健、平岡秀夫の両元法務大臣が講演した。

この二人は、死刑廃止検討委員会の顧問でもある。むろん同委員会委員長の加毛委員長や小川原事務局長も出席する。小川原氏から誘われて出席したが、渋谷駅から五分という会場案内で迷ってしまい、会場に着いたのは杉浦氏の話が終わり平岡氏の話の途中であった。最後に立った加毛氏は日弁連の動きと二〇一六年の全国大会で（死刑廃止宣言）採択に向けて、どんな準備をしているかを熱っぽく語った。

予定が終了し、渋谷で加毛、杉原、平岡、小川原氏と朝日新聞論説委員の谷津憲郎氏を加え、フランス料理店で会食した。谷津氏は私が行刑改革委員のときに取材を受けたことがある。加毛氏は日弁連が死刑廃止に向けて、どれほど国会議員を含む関係者に働きかけているかをここでも語り、マスコミとくに朝日新聞への働きを強調していた。

これに対して谷津氏は編集そのものが合議制であり、思いが通じない愚痴をこぼしていた。傍で聞いた私は、「加毛さんの話は、単に個人的な思いではなく国際的な道理を語っているものであり、その主張をひろく知らせる姿勢が欲しい」と横口をたたいた。

私が、かつて朝日新聞論説委員の一人に会ったとき、その委員は「仮に終身刑採用について本格的な動きとなったときは、いつでも支援するので連絡して欲しい」と語ったことを谷津氏に語ったが、とくだんの反応はなかった。

何度も触れるが、加毛委員長の死刑廃止に向けての姿勢は、畏敬の念をもって支持している。彼には委員会の全員が、同じ思いで敬愛していると思っている。その彼と親密に活動できることは幸運である。最近の動きを中心に、朝日新聞の「私の視点」に左記の単文を投稿したがボツにされた。むろん、そのことについて谷津氏には語らなかった。

二〇二〇年東京五輪開催準備に向けて、主会場となる新国立競技場建設の見直しや、新地下鉄の建設等、インフラが話題となっていた。ところで東京五輪が名実ともに成功するか否かは、自由、法の支配、民主主義、人権等における日本の品位《レガシー》にかかっている。日本が近代国家として成熟しているか否かの最重要課題は、死刑廃止国であるか否かにある。

東京五輪では世界の若者がスポーツを競うが、その日本が恒常的に死刑を執行しているダーティーな国であるなら、いかなる物的環境を充足しても成功とは言えまい。五輪開催までにせめて死刑の執行停止を実現すべきである。今からでも遅くはなく、その実現は可能であると考えた。

政府が死刑存置の主たる根拠として挙げているのは、「一般世論」「被害者感情」の二点に尽きる。ところがこのいずれも、今や払拭されつつある。日弁連・死刑廃止検討委員会では、二〇年十月に予定されている日弁連「人権擁護大会」で死刑廃止宣言を採択すべく準備がなされており、その死刑廃止を実現するための死刑に代替する終身刑の採用について検討がすすめられている。

同委員会は、これまでに韓国、アメリカの数州等で「死刑及び終身刑」に関する視察調査を実施し、著者も委員として参加した。カリフォルニア州（全米最大の人口）では来年の州民投票で、間違いなく死刑廃止が通過する。DNA鑑定等で死刑冤罪の多発したアメリカでは代替刑としての終身刑が、冤罪無実の人を救うことができ、被害者家族も加害者を社会から確実に隔離できるならあえて死刑を求めない背景がある。同国で四〜五年以内に、過半数の州が死刑を廃止するのは確実とされている。

日本では昨年一月に内閣府が死刑に関する世論調査を実施した。この世論調査で「死刑はやむを得ない」は八〇・三%、「廃止すべきだ」が九・七%であった。しかし、この調査に当たり、二十年ぶりに法務省は「死刑制度に関する世論調査についての検討会」を設置し、日弁連が提出していた質問項目の選択枝は、「死刑は廃止すべきである」が「死刑もやむを得ない」に変更され、仮釈放のない終身刑が導入された場合の死刑の是否についての質問が追加された。

ここで「状況が変われば、将来的には死刑を廃止してもよい」との回答は前回の三四・二%から四〇・五%に増え、さらに仮釈放のない終身刑を導入した場合の死刑廃止の是非については、「廃止しない方がよい」が五一・五%、「廃止する方がよい」が三七・七%であった。終身刑の採用にいかに期待があるかを示し、世論は単純に死刑存置が八〇%以上でないことが窺えるものとなった。

死刑廃止議員連盟は、終身刑に当たる「重無期刑」を創設する法案を来年の通常国会に提出する予定である。公明党は国会議員の全員が死刑廃止だと言われているが、同党は与党として自民党とともに死刑問題を含む「刑罰問題検討会」(仮称)を発足させるようである。日本はEUとの経済連携協定(EPA)の締結に際し人権条項を入れることを要求されている。実質的に新たな国際標準となる可能性がある。

当面の死刑執行停止への環境は、かくして急速に動いている。東京五輪までの死刑執行停止実現は十分に可能であり、実現させねばならない。

第八章　福井大会「宣言」を検証する

福井大会の「宣言」

　日本弁護士連合会（以下、日弁連）は、二〇一六年十月七日に開催した第五十九回人権擁護大会（福井市）において「死刑制度の廃止を含む刑罰制度全体の改革を求める宣言」（以下、宣言）を採択した。翌日の新聞各社は「日弁連・死刑廃止を――終身刑導入を提言」（東京新聞）等の報道がなされ、フランスやアメリカ、台湾などでも報道された。

　日弁連は二〇一一年十月開催（高松市）の第五十四回人権擁護大会では「死刑廃止についての全社会的論議を呼びかける宣言」とし「死刑のない社会が望ましい」（高松宣言）としていたが、今回は二〇二〇年までの期限付きで、「死刑廃止宣言」を初めて明確にした点で注目された。しかし、この死刑廃止宣言実現に至るまでには紆余曲折があり、宣言の表題自体が、「死刑制度を含む刑罰制度」とあるように、一般には分かりにくいものとなった。

日弁連内には「死刑廃止検討委員会」（委員長・加毛修、以下、当委員会）があり、この委員会が中心となり宣言案の準備がすすめられた。当委員会は、二〇一一年の高松宣言後に全弁護士会から百人規模の委員の参加を得て発足している（著者は委員の一人）。

人権擁護大会は全体で三分科会の課題に限定され、死刑問題がその一つに取り上げられるには、当委員会だけの申請では理事会での選考に外れる危険性から、他の死刑廃止派委員会（今回は刑事拘禁委員会）の協力を得る、いわば多数派工作がなされた。それ自体を問題にすべきではないが、両委員会の働きかけが成功した（一票差で選考された）。しかし、その後も刑事拘禁委員会の意向を汲み、死刑に行刑改革が付加された。そのため六日の第三分科会シンポジウムのテーマは「死刑廃止と拘禁刑の改革を考える」の二本立てとなった。問題は死刑廃止と行刑改革に、どのような結び付きがあるかだ。

「宣言」では、刑罰制度の改革について、自由刑の単一化、強制労働の廃止と賃金制の採用、社会内処遇の拡大や社会奉仕命令等の導入、再度の執行猶予、累犯の改善等を挙げている。

いずれもわが国行刑における長年の課題であり、これらの改革について議論することについて個別的な反論をするものではない。しかし死刑廃止宣言採択前のシンポで、これらの課題を死刑廃止とどのような整合性をもたせるかが不明確である。ちなみに日本の刑務所の実態・本質を踏まえた課題は、すべて排除されている。

日本の行刑は、一口で言えば旧監獄法時代における「特別権力関係論」に与する包括的支配服従関係を基本としている。この原理は、戦後はもとより平成十六年制定の新法（刑事収容施設法）下においても払拭されていない。たとえば新法第一条は「刑事収容施設の適正な管理運営」が「収容者の人権の尊重」に優先している。さらに新法においても法によらない「法務省令で定めるところにより」とする単なる命令による規制が四十カ所もある。それだけではない、刑務所長による「所内遵守事項」の類が事実上の受刑者の生活のすべてを支配している。

たとえ被収容者の更生を支援する施策が刑務所内で試みられたとしても、それは被収容者にとって自らの更生と社会復帰に連動していない。そもそも刑務所収容は、一般市民としての生きる権利である市民権、政治的、社会的権利のことごとくを剝奪することから始まる。たとえば住民票の抹消、労働災害補償保険、国民健康保険、年金保険あるいは失業保険等が刑務所入所により剝奪もしくは停止され、そのうえ入所前に所持していたもろもろの資格がことごとく剝奪されるか無効となる。さらに、いわゆる「家族刑」が必然的に自由刑に付加される（離婚や家族崩壊等）。このような現実を前提としての更生支援、社会復帰への政策は、受刑者にとっては悪しき迷惑な支援であり、納得と了解を得る類ではない。

刑務所での生活は、東北地方より北の刑務所では冬の暖房はあるにしても、その設備は主として廊下に設置された刑務官のための暖房であり、居房内はそのおこぼれにあずかる程度である。零下何度の居房で霜焼けとなり、寝ることよりいかに寒さに耐えるかの状況に置かれている。夏の冷房はむろんなく、汗のためお尻がただれる。食事は、新法制定後は、一日の成人受刑者一人、一日千六百キロカロリー（A食）であるが刑務所による優劣があり、多くの受刑者が体重を減らし空腹に耐えている。

著者が知るある女性受刑者は「コンビニで売っているおにぎりを食べるのが夢だ」と述べている（詳細については菊田幸一『日本の刑務所』岩波新書）。

こうした日本の刑務所の現実を無視し、前述のような諸問題の改革が死刑廃止の前提であるとの仮説は、受刑者にとってはどこの世界の話かとなる。そもそも、この三点に限定した改革を死刑廃止の前提とする論理的結びつきがない。この宣言案作成者は、委員会の席で「行刑改革先行なくして死刑廃止はない」との趣旨を強調したが、著者は「死刑制度が存在するが故に日本の犯罪者処遇は劣悪なままに置かれている」と主張する。ある刑務官は「お前たちは死刑囚のことを思えば殺されることがないのだから、この程度のことは我慢しろ」が口癖だという。

行刑改革か死刑廃止か、どちらが先かの問題ではむろんない。いずれも緊急を要する課題ではあるが、日本の刑罰制度の改革がこの三点の改革だけで達成されるものではない。死刑廃止との連動そのものが不明確である。

死刑廃止とその代替刑

「宣言」では、（1）二〇二〇年までに死刑制度の廃止を目指すべきこと、（2）代替刑としての終身刑採用を検討することとし、①現行の無期刑十年経過による仮釈放を二十年、二十五年とする重無期懲役制度を導入すべきとし、②終身刑を設けるにしても仮釈放や恩赦の適用の設計が検討されるべきとしている。これらの代替刑案自体が死刑廃止にどのように連動するかの論理が不在である。

これまでに当委員会では、韓国（二〇一二年）、米国のテキサス州（二〇一三年）、カリフォルニア州（二〇一四年）、イリノイ州（二〇一五年）、イギリス及びスペイン（二〇一六年）の主として終身刑の実際について視察した。それは当委員会が「死刑廃止と終身刑導入についての基本方針」作成に着手し、死刑廃止実現のための準備段階として海外視察を実施したことによる。

死刑廃止検討委員会は、終身刑採用で一致している。しかし宣言では、前述のごとく無期刑への減刑や刑の変更を可能にする制度設計が検討されるべきであるとした（宣言、四〇頁）。ところが宣言が採択された翌日のある新聞では「死刑制度の廃止を目指し、仮釈放のない終身刑の導入などを検討する」との報道や、諸外国でも「日本で死刑代替刑としての終身刑採用」と報じられた。

そこで宣言で述べている代替刑に関する問題点について基調報告書に基づきさらに検討しておく。

基調報告書の第八「死刑に代わる最高刑の在り方について」（一七三頁以下）においては、主な外国の終身刑につき紹介した後、日本における現行無期懲役が事実上は仮釈放の可能性がある終身刑であるとし、これまでに日弁連が無期受刑者に対する仮釈放の改善にどのような提言をしてきたかを述べ、さらに、日本における死刑が廃止された後の、これまでの最高刑についての各種の提案や議論を紹介し、最後に仮釈放の可能性がない終身刑は、国際人権基準からは許されない刑罰であると断定している。この基調報告自体が、先の高松宣言後において日弁連がパンフレットで「死刑に代わる最高刑の検討が必要です」とし、「現行の仮釈放が可能である無期刑とは別に、仮釈放のない終身刑についても議論がなされるべきです」と議論を呼びかけた趣旨からも後退している。

「人は変わり得る」は死刑囚になじむのか

「宣言」でのスローガンは、「寛容と共生の社会をめざして」「犯罪を犯した人も変わり得る」が合い言葉となった。死刑廃止宣言とはいえ「死刑廃止を含む刑罰制度の改革」という二本立てからすれば、死に直面している死刑囚を除く一般受刑者への標語としては、この言葉は不自然ではない。しかし「重大な罪を犯した者（死刑囚）も、人として変わり得る存在であることを重視すれば」（基調報告書、一七八頁）と述べ、死刑囚も「変わり得る」との範疇に置かれている。むろん死刑囚も人間であり、「変わり得る」人であることは言うまでもない。

しかし死刑は、このような人間をも国家権力が法によるとはいえ、殺す制度である。今日か明日か処刑があってもおかしくない死刑存置国であり、少年に対してさえ死刑判決がなされているこの国で、死刑廃止宣言が採択されるか否かの土壇場において、「人は変わり得る」といった甘い言葉が通じるとする感覚はいかがなものか。このような宣言には、現に明日かも知れない処刑に怯えている死刑囚の執行を阻止し、近く廃止を目指すとの切実な思いに欠けている。

大会後初めての死刑廃止検討委員会で、著者はこれらの諸点について発言した。これに対し、ある委員は「私が現に受任している死刑囚は、現在はまったく善良な人間となっている」とし、終身刑採用には反対であると述べた。著者の真意が理解されていない。

たしかに真に善良な人間に心変わりした人間を処刑する死刑制度は廃止されるべきであるが、現実の死刑は改心するか否かを問わず処刑している。それが人を殺めた者に対する現在の刑罰であり、殺めた後の改心の有無とは関係ない。死刑制度廃止を目指すなかで「改心したから処刑するな」であるなら「改心しない」死刑囚は処刑してもよいのか。そもそも改心したか否かの科学的基準はあり得ない。かような初歩的感覚もない弁護士がいること自体（この委員は日弁連の理事でもある）が残念であると言わねばならない。

付言ながら基調報告は、一方において「仮釈放の可能性がない終身刑は国際人権基準から許されない」（同書、一八一頁）としながらも「死刑という究極の不正義を止め、死刑廃止の世論を高めるため、これに代わる最高刑として仮釈放の可能性がない終身刑の制度を導入するという選択肢はあり得る。つまり、言い渡し時に生涯拘禁されることを内容とする終身刑の制度を導入することを検討する必要がある」（一八四頁）とも記述し他方、終身刑を導入する場合は「刑の変更」を可能とする制度が検討されるべきである、としている（四〇頁）。基調報告書自体がその性質上、一人だけでの執筆ではないところから、かような不統一があることは認めるにしても、ならば宣言においては、せめて仮釈放の有無について言及するのではなく単に「死刑に代替する終身刑採用」に留めるべきであった。

かくのごとく「宣言」は、終身刑に関する代替刑としての終身刑採用に期待する市民感覚に背を向けるものである。

国民世論は終身刑に反応している

その国の国民世論の動向が死刑廃止を左右する根本的要素ではないにしても、為政者は世論と被害者感情を死刑存置の拠り所としている。

この世論調査の質問事項に終身刑についての項目が追加されたのは、当委員会の委員長加毛修氏が法務省と折衝した結果であると言われている。この世論調査の結果を知り予想が的中したことに、われわれは元気付けられた。

このような意見は一九九四年にNHKが実施した調査でも「終身刑を創設して死刑を廃止することに賛成か否か」の問いに対し「死刑は必要」が四三%、「廃止賛成」が四七%であった。その他、民間死刑廃止運動のフォーラムが九六年十月に衆議院選挙の当選者を対象に行ったアンケートでも「終身刑などの代替刑や被害者援助の充実など条件を整えて死刑を廃止すべき」が議員の五〇・九%あった。

ところが今回の「宣言」では、この終身刑採用という各層の一般意識を無視した。各層が世論で代替刑の終身刑に期待したのは、言うまでもなく仮釈放のない絶対的終身刑である。そのような一般意識を宣言は逆なでした。

なお、今回の日弁連による「死刑廃止宣言」採択を受けて、弁護士ドットコムが全国の弁護士を対象に緊急アンケートを実施した。それによると四七・〇%が「存続すべき」と回答。その一方で二〇・一%が「すぐさま廃止すべき」、二四・四%が「将来的に廃止すべき」と回答。両者を合わせた「廃止派」は四四・五%でほぼ二分された。ところが、この調査の自由回答のコメントで「存続すべき」と回答した弁護士から「終身刑などの代替する制度が整っていない」、「現在の無期刑では死刑の代替刑とならないから、重い無期刑（仮釈放がないなど）を整備すべきである」などの声があがった、と報

	賛成	死刑支持	分からない
① 25年間は仮釈放のない終身刑	31.0%	51.6%	13.0%
② 40年間は仮釈放のない終身刑	39.7%	46.4%	10.7%
③仮釈放のない終身刑	46.0%	42.9%	8.9%
④仮釈放のない終身刑＋損害賠償	64,2%	26.1%	7.3%

じられている。

終身刑は、死刑の誤判回避はもとより、被害者家族からは終身刑により加害者が二度と殺人を物理的に犯さないなら、あえて死刑を求めない、との意見もある。終身刑は根強い被害者の死刑廃止感情に対処するにも必須の課題である。

終身刑採用と死刑存否についてアメリカ・ネブラスカ州が死刑廃止法案を検討している議会への資料として電話による市民への世論調査をしている（一九九一年）。

質問は、死刑代替制度として、①二十五年は仮釈放のない終身刑、②四十年は仮釈放のない終身刑、③仮釈放のない終身刑、④仮釈放のない終身刑＋被害者家族への賠償を付加する、の四つを提示した。

この調査で明らかなことは、④が①に比較して死刑支持がほぼ半分に減少したことである。一般市民は、加害者に可能な限り厳しい刑を科すことで死刑の廃止を求めている。ちなみにネブラスカ州は二十一世紀になってから死刑執行はなく事実上の死刑廃止州である。

著者は、「死刑に限りなく近い終身刑の採用」をあえて長年主張している。死刑のある日本において仮釈放付の終身刑は被害者感情にも添っていない。終身刑採用には、強固な異論があることは事実である（著者は、その異論のすべてを払拭する用意はある）。その一つは「終身刑を導入しても死刑判決が減らず刑の厳罰化を残すだけである」との反論がある。死刑判決が増加するかどうかは、いずれも仮定の限りではある。

しかし無期懲役の判決を受け仮釈放中に犯した再度の殺人事件につき横浜地裁の裁判官は「死刑と無期の間には無限の隔たりがある。裁判所としては、仮出所のない無期懲役を考えてもよい」とし、実質的な終身刑を言い渡したことがある（二〇〇〇年九月）。終身刑も死刑もない刑罰制度を目指すことは当然であるが残念ながら現在の日本では現実的ではない。これまでに述べてきたように死刑存置の一般世論、被害者感情をも考慮し、死刑の冤罪を避けるには、代替刑としての終身刑を採用することが、ひろく国民一般の死刑存置派からも求められている。

現に死刑がある日本においては、死刑廃止の代替刑として終身刑採用は止むなき手段であり、終身刑に弊害があるとすれば、それは死刑廃止あるいは死刑執行停止が確実になった時期に検討しても遅くはない。これが著者の持論である。死刑廃止先進国では、絶対的終身刑をまず採用し、死刑執行停止もしくは死刑廃止が実現した後で終身刑の緩和策を検討している。

「終身刑は国際基準に違反する」について

提案理由（一八一頁）では、仮釈放のない終身刑は国際基準からは許されない刑罰であり違反であるとし、宣言（五四頁）では、ヨーロッパ人権裁判所が仮釈放のない終身刑が、人権及び基本的自由の保護のための条約（ヨーロッパ人権条約）三条に違反する非人道的な刑罰であるとの判決を言い渡したと述べ、絶対的終身刑採用に消極的姿勢を貫いている。

このような意見は、主として死刑を廃止したEU諸国の主張であり、そのような観点から、日本での終身刑採用に反対する見解には合理的根拠がない。こうした見解は、すでに死刑制度を廃止した死刑廃止先進国での問題である。どの国においても人権が一〇〇％満たされている国はない。どの国も現実を踏まえ人権擁護の次の段階のステップを目指すのがその国の姿勢である。死刑のある国が死刑廃止の代替刑として絶対的終身刑採用を提言することは、むしろ当然の道筋である。

ちなみに国連の「被収容者最低基準規則」は一九五五年に採択（法的拘束力はない）されたが、その後の基準引き上げ（二〇一五年、マンデラ・ルールと改称）を経て二〇二〇年には、さらに基準の引き上げが予定されている。しかし日本の被収容者処遇の実際は一九五五年の基準に照らしても、その大半が充足されていない。そのような現実をネグレクトし、「終身刑は国際基準に違反」との見解は的外れである。

日本では現に死刑が存在し、世論の八〇％は存置派で占められている。その現実を踏まえて死刑廃止実現を模索している。そのためには、一般世論とりわけ凶悪犯罪被害者の強硬な死刑存置感情にも対処しなくてはならない。その唯一の手段が終身刑の採用である。その終身刑について再度繰り返すが宣言では、仮釈放を考慮するものとしている（厳密には「検討する」とあるが）。

江川紹子氏が「ビジネスジャーナル」で日本では事実上の終身刑（無期懲役）が行われており、「日弁連の提案は、ほとんど何の意味もない」とコメントしている。著者の主張と視点は異なるが、彼女の意見も一般論として無視できない。かくして宣言はいかなる観点からも説得力があるものではない。

第九章　日弁連死刑廃止委員会に期待できるか

モラトリアム（死刑執行停止）の実現を目指すべきだ

死刑廃止宣言採択（十月七日）前日の十月六日における第三分科会シンポジウムは、翌日の死刑廃止宣言採択に向けてのシンポであったが、どのような人物がどのような発言をしたかについては、ここでは割愛せざるを得ない。

ただし、このシンポで「死刑廃止についての議論を深化させる」（第三分科会シンポ案内書、七頁）議論はほとんどなされなかった。また、そのような「深化」させる議論が企画されていなかった。壇上の四人のパネラーは①衆議院議員、②新聞記者、③研究者（アメリカの死刑状況報告）、④元保護局長といった顔ぶれである．翌日の採決を迎えるにあたり会場からの質問は都合よく選考された者だけが三分内で発言した。これ自体は納得できるものではないが、宣言採択後の今となっては単なる印象に留める。

幸か不幸か、宣言採択後の報道では、①終身刑導入（東京新聞、毎日新聞）、②仮釈放のない終身刑だが、減刑の余地を残す（朝日新聞）、③（ⅰ）仮釈放のない終身刑、（ⅱ）無期刑の仮釈放開始を二十年、二十五年に延ばす重無期刑（公明新聞）等、報道に違いはあるが一応は「終身刑導入」が報じられた。それなりの意義があったとするしかない。とりわけ諸外国では、「代替刑としての終身刑採用」とだけ報じた。周知のように、たとえばアメリカでは、終身刑には大別して仮釈放付終身刑（ＬＷＯ）と絶対的終身刑（ＬＷＯＰ）があり、日本の無期懲役の用語はない。日弁連が宣言において「終身刑採用を検討する」としたことは、その限りでは間違いではない。

問題は、宣言採択の今後、死刑廃止実現に向けて日弁連がどう対処するかにある。日弁連は約三万七千人の会員を擁する人権擁護団体である。その日弁連が死刑廃止こそ先導すべき立場にある。

だとすれば今後においての具体的道筋はどうあるべきか。残念ながら宣言がこのさき死刑廃止を先導する指針とはなり得ない。しかし日弁連だけが単独で死刑廃止を先導できるものではない。この先は宣言が採決された事実そのものを踏まえ、宗教界、学界はもとより、ひろく有識者を含め国民運動をどのように展開するかに期待しなければならない。

具体的には両議院内等において審議会なるものが設置され、法案審議となるであろう。著者個人としては、上述のごとく絶対的終身刑の採用を主張しているが、それは別とし、終身刑を採用しても死刑が残存し、重刑罰化に手を貸すとの反対論に配慮し、審議会での法案実現の段階で事実上の死刑執行停止が相当期間経過すれば、その段階で具体的な終身刑のありようを議論しても遅くはない。それまでは絶対的終身刑であっても、死刑がある段階では、そのような終身刑も刑のあり方として認めるべきである。

付言すれば、死刑判決は裁判員および裁判官の全員一致制をとるべきこと、あるいは全員一致でない場合は終身刑を選択することの実現、死刑相当事件には必要的上告制度の確立も検討されるべきであり、まずは段階的に現実のモラトリアム（死刑執行停止）の実現を目指すべきであろう。

停滞した日弁連の議論

カリフォルニア州では死刑廃止法案の住民投票が予定されておりその可決が見込まれている。全米第一の人口を擁する同州で同法案が成立すればアメリカはこの数年内の、国としての死刑廃止実現も夢ではないと言われている（この年は僅差で実現できなかった）。

東京五輪・パラリンピック大会の二〇二〇年には、国連犯罪防止刑事司法会議が京都で開かれる。この時期に「国連被拘禁者処遇最低基準規則」（マンデラ・ルール）の改訂作業が話題になると思われる。一方、ＥＵ諸国は、日本等の死刑存置国への自由貿易協定締結の働きかけから死刑廃止を迫っている。さらに犯罪者引渡条約の締結（死刑に該当する凶悪犯の引き渡し拒否）はテロ対策に必須の条件であり、今や死刑廃止は、「人間の尊厳の尊重」を超え、地球上での人類の共存の課題であり、その実現が迫られている。

これらの状況から見て、死刑廃止は「法の支配」つまり「人間の尊厳の尊重」から、この地球上で人類がどう共存するかの必然的な中心課題にかかわっている。死刑廃止は地球上での人類共存の課題であり、死刑廃止先進国では、「死刑は第二の奴隷解放運動である」がその標語となっている。そもそもオリンピック精神からしても、その大会実施国日本で「絞首刑」が存在すること自体があってはならない。いかにオリンピックに向けインフラ整備に税金が使われようと「人間の尊厳」が冒されたままの死刑存置国で、真のオリンピック成功はあり得ない。

日弁連では、非公式ながら国会与党議員らとの懇談会による真剣な協議・準備の受け皿作りが現在なされている。死刑廃止運動は、単に理論ではなく実際がどうであるかでもある。その意味では日弁連の政治力の発揮に期待したいし、現在の執行部は十分にかかる期待に応え得る存在である、と著者は考える。

今後は、国際的視野からの外的圧力を背に、国内的には「死刑廃止法案」成立へ、ひろく国民運動の先頭に立つ具体的な働きかけを日弁連に促したい。小池知事の先導で死刑のない東京オリンピック開催運動に日弁連が連動する役割に寄与することも考えてよい、と思われていた。

二〇一六年十二月十九日の福井人権擁護大会開催後の最初の委員会では、死刑廃止宣言可決に対する委員らの評価につき各人の意見陳述がなされ、多くの委員は「全面的に成功であった」としたが、私は宣言の可決は、これを是とするが中身は換骨奪胎とされた宣言は成功したとは言えないと発言した。

この日の議題は死刑廃止宣言の成立を得て、今後の委員会のあり方として、これまでの委員会を発展的に改称し「死刑廃止実現委員会」にするか否かである。

ここでも単に死刑だけではなく死刑・刑罰改良を併記したものとする案が提議され、司会者が議論の時間を与えることなく同意を前提に併記の名称を承認させようとしたので「ちょっと待ってください」と声を出した。

廃止宣言がその可決を優先させ、多数派工作の妥協案であったことはこれまでに説明した。消極的ながら、これもやむを得ないこととしたが、二〇二〇年までの死刑廃止実現に向けて、日弁連がこれを先導するに際し「死刑と刑罰改良」を併記することで、今後もこれを旗印にすることの意義がないことを主張した。

この主張に際し横浜弁護士会の大河内秀明弁護士がただ一人賛成の意向を示し、「これからの運動において〝死刑廃止〟一本の言葉で語ることができる」と述べてくれた。彼はNCCDの会員として数十年にわたり協力してくれているが、個人的には親交はなかった。死刑廃止論に関するこれまでの発言には、哲学的素養を背景にすぐれた思考を披露されており心情的に敬意をもっていた。その彼が大勢に迎合することなく発言してくれたことで「自分の意見が正当である」ことを確認でき、これで満足した。

この異論について日弁連副会長の木村保夫氏が、「人権大会での宣言を踏まえ、死刑と刑罰改良を併記しなくては理事会の承認を得ることが困難である」と語った。彼は、この全体会議前の小委員会（第一委員会　死刑廃止戦略会議）では私に「死刑廃止実現本部」との一本案に賛同するかの態度であったが、この全体会議では全体の空気を汲んでか主流の意見に迎合した感があった。そこで「貴方は副会長として理事たちに説得させることができる人であり、方向を間違えるような態度はいかがかと思う」と発言した。

その直後に海渡氏が遅れて出席した。これを見た加毛委員長が彼の見解を確認したところ「刑罰改良は、刑事拘禁委員会で専属的に議論するので、この委員会は死刑一本とされてもよい」（要旨）と発言した。これに対し加毛氏は「この二年内に懲役・禁固の廃止と賃金制の採用を法務省も真剣に考えており、ぜひ二本立てで願いたい」と発言した。

さらに海渡氏が「死刑廃止は、明日をも執行がある危険ななかで廃止を目指すものであり、並立の委員会では焦点がボケる」と主張した。海渡氏と加毛氏の意見が逆の立場となり最終的に「死刑・刑罰改良実現本部」ただし略称「死刑廃止実現本部」という、不確かな名称としてこれを多数が可決した。

明らかに加毛委員長の態度は、死刑廃止宣言実現前と比較して理解できないものになっている。単に海渡氏らの支援を受けて宣言を獲得することだけではなく、法務省を背景に刑罰改良・死刑廃止をどのように展開させるかの焦点に理解できない態度の変容が見られる。現状では、この先を見守り方向次第では当方も加毛委員長への信奉を再考すべき時期が来ることを考えておく必要がある、との想いで二〇一六年は過ぎた。

第十章　もっと国民的な議論を

「死刑をなくそう市民会議」設立の意義

二〇一七年十月十二日、委員会の定例会議の冒頭で、加毛委員長が恒例の会議頭書の挨拶で「日弁連として弁護士会を含む、ひろく国民全般に呼びかける国民会議発足を具体化させたい」と発言し、「菊田先生の御意見はいかがですか」と司会を務める小川原優之氏を越えて、直接著者を指名し意見を求めた。

あまりにも突然であったが、意外にも「ありがたい」の想いが優先し冷静に立ちあがって「すばらしいことです。立ち上げるには上からの発想ではなく、市民一般からの立ち上がりを基本とし、日弁連委員が個人として参加し、宗教家、学会、マスコミ等、死刑問題に意識ある層の個人または団体からなる会議の設置を願いたい」と短く意見を述べた。

廃止宣言の中身に違和感をもっていたことが思いやられた。そもそも日弁連が死刑廃止宣言を成功させるには、理論だけではなく、ある程度の妥協を覚悟しなくては成功しない、との想いが委員会執行部の長としての加毛氏にあってのことであった、と思えた。

日弁連だけで二〇二〇年までに死刑廃止を実現できるはずがない。福井大会の最後に「広く市民会議を日弁連が核となり推進すべきである」と付帯決議を求めたからには、これを実現することに先弁をつけなくてはならない、との想いから、個人的に年賀状のやり取りがある著名人の名前・住所を列挙し、「呼びかけ人」候補を整理し、準備委員を挙げ、自ら事務局を設置する構想で準備し、まず日本刑法学会の元理事長歴を持つ一橋大学名誉教授の村井敏邦氏に手紙を書いた。

その彼から、「代表世話人に推薦いただき大変光栄なことでございます」との返事があった（二〇一七年七月十一日）。刑法学界の重鎮であり、多数の刑法学者から信望のある村井氏からの受諾を得て感動した。彼に続いて宗教界に働きかけることを準備すべきと判断し、委員の一人である長谷川正浩氏（日本宗教連盟・評議員）に趣旨を話し、旧知の死刑廃止宗教連盟の雨森（本願寺大谷派）と接触することを進言していた。

ところが十月十二日の委員会では、これまで五部会に分かれていた部会のうち、国会関係を廃止して「市民会議準備会」に組みかえ、その日のうちに第一回準備会が開かれ、「呼びかけ人」をどのように選定し、だれが仲介するか等に話が急展開した。その日の夕方、弁護士会館地下にある中華店の懇親会で指名を受け、「本日の会議で市民会議の設立準備に踏みきったことは、日本の死刑廃止にとり記念すべき日となった」との挨拶をした。この夕食会には、加毛委員長はじめ執行部の委員、日弁連会長の中本和洋氏も出席した。彼はたまたま、一人おいた同じテーブルで会食しており、握手を求めてきた。

設立趣意書を作成する必要がある、と思っている矢先に岩橋英世委員から趣旨書案が送付され、その後以下のようにまとめた。

死刑廃止のための市民会議設立趣旨書（菊田案）

わが国は、死刑を存置し、ほぼ毎年死刑を執行し続けている。国民世論（二〇一四年十一月実施の内閣府世論調査）で「死刑はやむを得ない」との意見が多数であったことを受け、日本政府は国際人権委員会UPR（普遍的定期的審査、二〇一七年二月十四日）の日本への勧告に対して「死刑制度については、国民の多数が極めて悪質、凶悪な犯罪については死刑もやむを得ないと考えており、特別に議論する場所を設けることは現在のところ考えていない」との回答を行っている。

国際的には死刑を存置し、継続して死刑執行している国家は、国連加盟国（二〇一七年十月時点で一九三カ国）のうち十数カ国に過ぎない。国連は自由権規約（B規約）を一九六六年に採択し、日本はこれを一九七九年に批准している。その基本理念は「人間の尊厳」及び「生存権（生命権）」を中核とした普遍的価値にあり、国連は、かかる理念の人類の共有化を図るため、すべての加盟国に対し死刑廃止を求め、その具体化において、一九八九年、自由権規約（B規約）の第二選択議定書（別名・死刑廃止条約）を採択し、すべての加盟国の批准を目指している。

しかし日本政府は、国連による、たび重なる日本への死刑執行モラトリアムの早期実現に向けた勧告にもかかわらず、第二選択議定書（別名・死刑廃止条約）の締結に向けた努力をせず、漫然と過ごして今日に至っている。国連は、この日本政府の不作為が、自由権規約（B規約）第二条一項・二項及び第六条に照らし違法であると勧告している。

日本弁護士連合会が二〇一六年十月六日、第五十九回人権擁護大会（福井市）において二〇二〇年までに死刑廃止の実現を宣言したことに協調し、われわれは、市民一人ひとりに対し、死刑廃止の意味と目的（人間の尊厳重視と共生の社会を醸成）への理解を求めるため、国の内外を問わず死刑廃止に意識ある個人および各界の、あらゆる分野からの支持者に参画と協力を呼びかけ、死刑廃止の実現を目指すべく、すべての人間の生命権を重視する民主主義社会の実現に向け、市民会議（仮）の設立を発起する次第である。

これに対し岩橋委員から修正案が出され、若干の修正をした草案が十二月十五日の運営会議で資料として配布された。

その他に、「市民会議」とする意見と「国民会議」とする意見があった。私は、その相違を説明、参考とするため麻生副総理が「共謀罪の例で政府は国民を擁護するのが役割であり、市民の立場からの将来の目的として必要とする意味では……いずれも立場の相違にすぎない」と語った新聞記事を例に、国民は政府統治下が対象であるが、市民はそれを超え、日本に居住する外国人も対象となるものであり、死刑廃止は当然ながら市民が対象であるべきだ、と発言した。

これに対しては、「この先、死刑廃止を実現するには保守党、とりわけ自民党代議士に説得する必要があるが、与党の代議士のなかには『市民』に抵抗を持つ人もいる」として「国民」の用語が望ましいとの意見があった。

私はこの意見に対して「これまで与党を含む国会議員に死刑廃止を訴えてきたが反応がない。死刑廃止議員連盟は事実上活動できていない。それが故に、今ひろく市民の声を国会に働きかける市民会議の意義があるのだ」とし、「ただし、この点で論争していても効果的でないので、市民も国民もつかない『死刑廃止実現協議会』(仮称)でよいのではないか」と話し最終的にはペンディングとなっていた。

死刑廃止実現連絡協議会(仮称)の発足

いっぽう、日弁連でも動きがあった。二〇一八年の三月五日。日弁連主催、シンポ「死刑制度の廃止を求めて——憲法と国連の活動の観点から」(京都・龍谷大学響都ホール)が開催されたのである。

この大会の基調報告者に私が指名されたことには、正直なところ感涙をおぼえた。これに前後して、国連が昨年末に人権委員会から提出した意見書の全文を邦訳し、委員会で配布した。これらの作業から得た国連の生命権に関する基本理念について一定の理解をし、発言してきた。そのことに、おそらく加毛委員長らは理解を示し、シンポの報告者に私を指名したのではないか。いずれにしても指名されたことに感謝し、早速準備にかかった。国連の生命権の紹介に加えて、今後の日本における死刑廃止運動の方向付けについて、私見を披露することとした。

日弁連死刑廃止実現本部（略称）は、二〇二〇年までの「死刑廃止宣言」（二〇一六年福井宣言）を受け、死刑廃止に向けた活動を全社会に向けて働きかけるための設立準備会を、委員長の肝入りで設置した（二〇一七年十二月二十五日）。

具体的には、死刑廃止に意識ある個人および団体の各層に、ひろく呼びかけ、各層からなる死刑廃止の結集による国会への廃止法制定へ全市民的圧力を形成することにある。死刑廃止京都シンポは、その先鞭をつけるための発足準備会の位置付けでもある。

ところで「死刑廃止は、現代における奴隷解放運動である」という文言について、日弁連副会長の一人が、削除を求めてきた。「死刑廃止実現連絡協議会なるものは、現状では委員会内での合意であり、日弁連理事会の段階での了解は得られてない。この名称（略称）を含め、この部分は削除されたい」との異議であった。

委員会内では準備会が設置され、発足のために趣旨も作成中である。そもそもこの会は日弁連が基軸となるにしても、ひろく死刑廃止を市民の有識者が中心となり今後の運動を展開するものであって、日弁連理事会の承認が前提ではない、と反論を述べる気はあったが、少なくとも日弁連が基軸となるためにも理事会の承認なくしては異論が出ることを思い、単に「了解しました」とし、その場を収めた。

このような経緯から実際に当日の会場で配布するレジュメは、単に発言の箇条書きに留め、「死刑廃止は、現代における奴隷解放運動である」を「まとめ」とし、事務局担当者に提出した。ところが二月二十八日になって、この「まとめ」のフレームも削除すべきとの副会長からの指示があった。これに対しても即座に了解の返事をしたが、この言葉はそもそも国連の人権専門委員のものである。私も最初に耳にした時点では、強烈な言葉との印象はあったが、とくにアメリカにおける死刑判決が黒人に不平等に適用されていることが背景にあり、要するに死刑が不平等に適用されている象徴としての用語なのである。

その意味では、日本の死刑適用に関しても、死刑判決そのものが厳密には、凶悪犯の知能、弁護士の能力差あるいは貧富の差や不運がもたらす事件の発覚等、避けることのできない運命によって、差別、不公平を回避できない意味で「現代における奴隷解放」が死刑のすべてを表現していると考えられる。著者としてはこの先も、この標語を自らの言葉として叫ぶことができる人でありたいと考える。

三月五日のシンポでは、限られた時間のなかで国連の生命権について自分でも満足できる報告ができた。シンポ終了後の懇親会では、委員長がめずらしく「完璧で、よかった」と称賛してくれた。同懇親会で日弁連会長中本和洋氏が、今後の活動として「終身刑採用を柱にしたい」と挨拶したのを聞き、彼に挨拶をして、ともに今後の共同を語らい合った（同会長は任期終了後、死刑委員会の顧問となった）。法務省が死刑囚を移送したのを新聞が報道した。これを契機に彼らの死刑執行が近いのではないかとの話題が出た（著者は基本的にその可能性はないと判断していた）。

このような中で日弁連は死刑執行に備え、会長宣言の下書きを準備しだした。その宣言案の書面名中に「刑罰制度は、犯罪への応報であることにとどまらず、社会復帰の達成に資するものでなければならない」とする文章があり、これについて岩橋氏が削除すべきだとの意見を出した。

これを見て私は、削除することには賛同するとして「人は変わり得るものであるとの甘い言葉は、死刑を否定する言葉として安易に使うべきではない」とし、持論である「死刑のある日本において死刑を否定するには、人を殺めた者は、それ相当の刑罰を受けねばならない。それが終身刑であっても仕方ない」とメールした。

これに対し岩橋氏から「削除したい意図は菊田先生と同じ発想です」と回答が来た。ところが、その後の情報では、委員会の幹部から「すでに上層部で確認した書面であるから削除はしない」との回答があったようだ。

そもそも二〇一六年の福井宣言において「人は変わり得るものである」の言葉を入れたことに批判した経緯がある。死刑廃止宣言を曲がりなりにも通過させるには、このような表現も止むなしとして黙殺した。しかし現在では、日弁連を中核とするも、ひろく市民活動として「死刑廃止に関する連絡会（協議会）」を結成することが合意されている。このような広がりを展開するにおいて「人は変わり得るものである」なる言葉で死刑廃止を二〇二〇年までに廃止もしくはモラトリアムが実現できるはずがない。

前述した著者の京都シンポの草稿についても執行部幹部が用語の削除を指示する体制では、ひろく市民会議を展開する資格があるか疑問なのである。ちなみに同シンポでの著者の肩書は明大名誉教授であり「弁護士」はつけなかった。それでも弁護士会会員であり死刑廃止実現本部委員であるが故に、仲間の発言が迷惑であるとして削除したのであろう。

「市民会議」三百五十人の参加で設立総会

二〇一九年八月三十一日、死刑をなくそう市民会議（ＣＣＡＣＰ）は設立総会を開いた。集会ブログラムは、平岡秀夫氏の開会の辞からはじまった。会場に日弁連の菊池会長、福島瑞穂議員、山花郁夫議員、江田五月元法相らが参加していることが紹介された。中本和洋前日弁連会長の発言、中山千夏氏の挨拶、金山明生明大名誉教授（死生学）、玉光順正東本願寺元教学研究所所長と発言がつづき、シンポジウムには被害者遺族の片山徒有氏が参加。神田香織氏の講談が喝采を浴びたのち、私も発言に立った。ここでも「終身刑の導入で、死刑の中止は可能だ」と提起した。

一般的には三百五十名が出席したことで好評であった。大会後の懇親会には、死刑廃止実現本部の加毛氏をはじめ委員の多数が出席した。これらの諸氏に礼儀を尽くしたのち、帰宅し以下の記事をまとめた。

死刑をなくそう市民会議結成総会（2019年8月31日）

CCACP各位へ

いみじくも中山千夏さんは、およそ三〇年前に設立した市民団体と今回の「市民会議」になんら進展がみられないと発言している。多分に本会発足への励ましと受けとめてはいるが、僕はこの意見に同調できない。なぜなら「市民会議」は、日本の死刑廃止運動において実現できなかった、弁護士会（日弁連）、学界、宗教界、労働団体、被害者関係、市民運動グループ等を背景とした、運営委員が結集したものである。

そこで問題は、設立集会を経て運営委員会として、われわれは集会出席者・呼びかけ人をはじめ死刑問題に意識ある、ひろく一般市民の期待に、この先どう応えていくかが求められています。基本的には、たとえば、日弁連やフォーラム等の死刑廃止団体との共同相互関係において、これらのグループがなし得なかった、あるいは困難と思われる分野に「市民会議」ならではの課題にどう取り組むかが求められている。

1　基本姿勢

私は死刑廃止への切迫感をもつべきだと思う。現に安倍改造内閣で法相に就任した河井克行氏は、オリンピックを来年に控えても躊躇なく死刑執行に署名する可能性が大である。これについて「市民会議」はどう対処すべきか。死刑執行があれば「どのような声明を出すか」といった「脳天気な」愚論をすることだけはあってはならない（日弁連やフォーラム、アムネスティ等が対応してくれている）。今なすべきことは、「急がば回れ」ではないが、国連人権委員会の「生命権の不可侵」を広く市民に呼び掛け、死刑の代替刑採用について運営委員会が共通認識を持ち、死刑廃止に至る前提であるモラトリアム実現の方策に早急に取り組むべきである。

2　国連からのメッセージ　その他

市民会議設立集会にちなみ菊田個人は、国連本部に出かけ仲介者を通じ最終的に国連事務総長補佐・アンドリュー・ギルモア氏と交渉し、国連・国連事務総長および国連高等弁務官事務所（OHCHR）の同意によるギルモア氏による「市民会議」宛てのメッセージ（録画）を受理した。同メッセージにおいてギルモア氏は、「死刑判決の代替案、恩赦」の促進を日本政府に要望すると述べている。国連は、これまでに死刑廃止条約批准を勧告しているが、代替案等の採用に触れることはなかった。ところが、われわれCCACPに対し、このような具体的提示を述べたことは、日弁連との相互強調関係を理解しての熱意あるメッセージとなったものであろう。これを受けCCACPがどう彼らの期待に対処するかが問われている。

3　CCACPが予定する当面の課題

貴市民会議は、日本の死刑廃止運動の中心をつねに形成してきた
市民社会の声をさらに推進するでしょう。

アンドリュー・ギルモア氏

ギルモア氏は、「この機会を利用し、日本政府に対し死刑判決の代替刑または恩赦を促し、死刑執行停止を勧告したい」と死刑廃止条約の早期批准を求めた。この勧告の背景には一九八六年に日本が批准した国連自由権規約の手続き、第二選択議定書（通称・死刑廃止条約）（未批准）の批准促進にある。自由権規約は「生命権の不可侵」、「人間の生命権は国家も侵害できない」との理念実現のため自由権規約を批准した国は、早期死刑廃止への達成義務があるとし、五年に一度国連に経過報告を課している。日本政府は、昨年の回答で「国民世論の趨勢を見ながら対応すべきと考えている」とし、「世論の多数」を死刑存続の根拠とした。しかし世論は生命権の不可侵を払拭する根拠とはなり得ない。そもそも、死刑廃止先進国において世論を根拠に死刑を廃止した国はない。この日本政府の回答につき、国連は「関係機関が国際法を研究するよう」進言している。

死刑廃止先進国の、これまでの廃止の動機は多様であり、偶然の状況によることが多い。たとえばイギリスでは加害者処刑後に真犯人が判明した（エバンス事件）、フランスではミッテラン大統領の指導力、ドイツでは第二次世界大戦の経緯から、スペインでは、フランコ大統領の強権政治の反省から等である。

日本が、この先死刑廃止に踏み切る動機を断定することは困難ではあるが、（1）EU等との自由貿易協定には人権問題（死刑廃止）が重要な要件とされている、（2）犯罪人引渡条約につき日本は韓国とアメリカ二か国のみと締結しているが、日本国内で死刑相当犯罪後に死刑廃止国へ逃亡した犯人を日本がその身柄引渡を要請しても当該国はそれを拒否することができる。

グローバル化した国際社会において、日本が幅ひろい自由貿易協定から孤立することは不可能である。そこでこれらの、いわば物理的必然性を目前に、死刑に代替する終身刑法案という受け皿を被害者の視点からも準備しておくことが、われわれの当面の重要課題であると考える。

キング牧師のように

『マーティン・ルーサー・キング——非暴力の闘士』（黒崎真著、岩波新書）を読んだ。キング牧師が雄弁家であったことは、かつて彼の映画を観て知っていたが、この本を読んで、彼は演説の前夜には、寝る時間がなくても明日のスピーチの最後のセリフをどう述べて終えるか、原稿の添削に専念したとある。「沈黙は裏切りである」、「人生は砕かれた夢の耐えざる物語である」。彼は、牧師として「イエスは私を決して見捨てないと約束してくれた」と自己を根底から支えるものをもっていた。過酷な人種差別のなかで、彼は自分の命が狙われていることを察知し、自分の葬儀には「わたしが目立ちたがり屋だったと言いたければ、どうか正義のための目立ちたがり屋だったと言って欲しい」、「私は後に遺すいかなる金も持つつもりはない。私はただ、捧げ尽くした人生を遺していきたい。これが私の言いたいことのすべてだ」と言った。

現にノーベル平和賞の賞金のすべてを反差別運動グループに贈与し、講演の謝礼や印税のすべてを運動に投じた。キング牧師の生きざまを知るにつけ、勇気を与えられる気がした。キング牧師は暗殺され、三十九歳でこの世を去った。偶然だが、ぼくが三歳のとき父親も三十九歳で病死した。私は八十歳を大きく超えている。彼らの倍以上を生きている。せめて残された命を「死刑廃止は現代の奴隷解放運動である」と遅まきながら知った今は「目立ちたがり屋だ」と言われても、キングをまねてどう生きるべきか。

全国の地方弁護士会が主催し、死刑廃止シンポ等を実施している。その講師の推薦を本部に依頼することがある。多くの場合は、あらかじめ特定の講師名を挙げての依頼である。しかし、その対象に著者が当てられた経験がない。なかには「だれか行ってくださいますか」と会議で話されることがあるが、自分から「お願いします」とは言えなかった。

次回からは指名された人がいても「私も参加させてください。日当・交通費は自己負担で結構です。ただし、もし出していただけるなら頂きたい、その謝礼金は次の講演のために使わせていただくことを約束します」と言おう。目立ちたがり屋だと言われても、キング牧師の真似だ、と自分に開きなおればよい。

さいわい残された命が尽きるまで全国を訪れても、生活に困ることはない。しかも健康である。出かけることに遠慮は無用だ。ただし参加するうえは、それなりの感動を与えなくてはならない。日弁連は著者を本年の京都でのシンポで「国連の生命権」という基調報告の任を与えてくれた。講演の参加が迷惑になったらどうするか。その時はその理由を聞き、自分の判断で態度を決め、場合によっては迷惑と思われても出かけよう。無償であれば、それでもよかろう。

毎年どこかの国の死刑状況を視察にグループで出かける。これまでに韓国、テキサス州、カリフォルニア州、イギリス、スペイン等へ自費で出かけた。しかし、これからは参加しないことにした。国内での議論に尽力しよう。全国の弁護士会の勉強会と地方の有識者と会うために出費すればよい。キング牧師の何分の一だろうと、残りの命を苛烈なる軌跡のために捧げよう。かくして、死刑が廃止される日が来るまで——。

[著者略歴]

菊田幸一（きくた・こういち）

1934年生まれ。1957年、中央大学法学部卒業。1964年、明治大学大学院博士課程修了。1963 〜 64年、カリフォルニア大学犯罪学部留学。大学院在学中より法務省法務総合研究所研究官補（1962 〜 67年）を経て、明治大学法学部教授（2004年定年退職）。現在、弁護士、明治大学名誉教授、法学博士（明治大学）。主要著書に『犯罪学』（成文堂、1971年、現在九訂版）、『死刑と日本人』（作品社、2022年）ほか。

かくして、死刑は執行停止される

2024年2月15日初版第1刷印刷
2024年2月25日初版第1刷発行

著者――――菊田幸一

発行者―――福田隆雄
発行所―――株式会社作品社
〒102-0072 東京都千代田区飯田橋2-7-4
Tel 03-3262-9753　Fax 03-3262-9757
https://www.sakuhinsha.com
振替口座 00160-3-27183

編集協力――横山茂彦
本文組版――有限会社吉夏社
装丁――――小川惟久
印刷・製本―シナノ印刷（株）

ISBN978-4-86793-011-3 C0030

UFO vs. 調査報道ジャーナリスト

ロス・コーサート
Ross Coulthart
塩原通緒【訳】

In Plain Sight : An investigation into UFOs and impossible science

彼らは何を隠しているのか

「中国気球撃墜」事件を受けて書かれた
原書改訂版への増補を収録!!

こんなに明瞭に見られているものが、
なぜ「正体不明」なのか?

受賞歴多数の豪有名ジャーナリストが、
現代のグレート・タブーを徹底追跡!!

調査報道ジャーナリストとして、豪テレビ界の最高峰ロギー賞を受賞した著者が、ロズウェル事件から近年のケースまで、有名なUFO目撃事件への各国当局の対応を、目撃者や調査関係者へ直接取材し徹底検証。現在も進行中の国家内部での情報隠匿と開示要求をめぐる攻防をつぶさに追い、謎に挑む。

科学の女性差別とたたかう

脳科学から人類の進化史まで

アンジェラ・サイニー
東郷えりか訳

「“女脳”は論理的ではなく感情的」「子育ては母親の仕事」「人類の繁栄は男のおかげ」……。科学の世界においても、女性に対する偏見は歴史的に根強く存在してきた。こうした既成概念に、気鋭の科学ジャーナリストが真っ向から挑む!

神経科学、心理学、医学、人類学、進化生物学などのさまざまな分野を駆け巡り、19世紀から現代までの科学史や最新の研究成果を徹底検証し、まったく新しい女性像を明らかにする。自由で平等な社会を目指すための、新時代の科学ルポルタージュ。